公路工程施工安全风险控制

公路隧道工程
施工安全技术与风险控制

杨永敏　吴树东　周士杰　编著

中国铁道出版社

2016年·北京

内 容 简 介

全书以风险分析为基础、以风险控制为主线,全面阐述了公路隧道工程在施工准备、洞口工程施工、洞身开挖、施工装渣与运输、支护加固与衬砌、风水电供应等方面的风险控制重点和风险控制技术措施,介绍了不良地质条件和特殊岩土地段隧道施工风险控制技术与策略,论述了斜井、竖井和非钻爆法开挖安全策略与风险控制技术措施,研究了隧道施工灾害事故自救逃生与救援的方式方法。为提高读者的工程施工风险分析能力,本书还介绍了隧道工程施工风险控制策略分析范例,以供同行借鉴。

图书在版编目(CIP)数据

公路隧道工程施工安全技术与风险控制/杨永敏,吴树东,周士杰编著. —北京:中国铁道出版社,2016.9

(公路工程施工安全风险控制)

ISBN 978-7-113-22319-9

Ⅰ.①公… Ⅱ.①杨… ②吴… ③周… Ⅲ.①公路隧道—隧道工程—工程施工—安全管理②公路隧道—隧道工程—工程施工—风险管理 Ⅳ.①U459.2

中国版本图书馆CIP数据核字(2016)第211948号

书　　名:公路隧道工程施工安全技术与风险控制
作　　者:杨永敏　吴树东　周士杰

策　　划:曹艳芳
责任编辑:张　瑜　　　**编辑部电话:**010-51873017
封面设计:王镜夷
责任校对:孙　玫
责任印制:陆　宁　高春晓

出版发行:中国铁道出版社(100054,北京市西城区右安门西街8号)
网　　址:http://www.tdpress.com
印　　刷:三河市宏盛印务有限公司
版　　次:2016年9月第1版　2016年9月第1次印刷
开　　本:787 mm×1 092 mm　1/16　印张:9.75　字数:233千
书　　号:ISBN 978-7-113-22319-9
定　　价:25.00元

前　言

公路隧道工程施工有着流动性强、临时设施多、施工工序复杂、工作环境恶劣、施工灾害风险高等特点，这些特点决定了公路隧道工程施工有着很高的安全风险。加之公路建设队伍规模急剧扩张，水平参差不齐，其风险控制就显得尤为重要。“安全无小事，细节决定成败”。在公路隧道工程施工安全管理工作的事前预防、超前控制上，抓好每一件小事，重视每一个细节，把小事做细，把细节做严、做实、做到位，向精细化管理要安全。

全书以风险分析为基础、以风险控制为主线，全面阐述了公路隧道工程施工安全技术与风险控制的方法与策略；以事故超前控制为理念，系统阐述了施工准备阶段的风险控制重点与风险控制技术措施以及应急救援培训与演练的方法；以风险全过程控制为理念，论述了临时设施选址、设计、施工、使用的全过程风险控制策略与技术措施；以施工过程风险精细化分析与控制为主线，阐述了洞口工程施工、洞身开挖、装渣与运输、支护加固与衬砌、施工排水、通风防尘、风水电供应的风险控制重点与风险控制技术措施，另外，还专门论述了不良地质隧道施工、特殊岩土地段隧道施工、斜井和竖井施工、TBM 法施工、盾构法施工、沉管法施工、盖挖法施工、明挖法施工的风险控制重点与风险控制技术措施；以确保施工人员生命权、降低施工灾害事故损失为主线，论述了施工灾害征兆识别、险情处理、事故救援方法与措施；以提高技术人员与安全管理人员的风险辨识、风险策略分析水平为目的，通过工程实例论述了如何在实际工程中分析风险控制策略，力求使本书对同行有一定的借鉴意义。

全书共分十三章，撰写分工为：第一章、第二章、第三章、第四章、第十一章由河北省滦平县交通运输局杨永敏撰写；第五章、第六章、第七章、第十二章由河北省滦平县交通运输局公路管理站吴树东撰写；第八章、第九章、第十章、第十三章由河北省承德市交通运输局公路管理处周士杰撰写。全书由杨永敏负责统稿。本书撰写工作得到了石家庄铁道大学黄守刚的大力支持和热情帮助，在此表示衷心感谢。

限于编著者们的水平和能力，书中错误和不妥之处在所难免，恳请广大读者批评指正。

编著者

2016 年 5 月

目　录

第一章　绪　　论

第一节　隧道施工特点

进入 21 世纪以来，随着国民经济的快速发展，特别是在"7918"国家高速公路网规划和西部大开发的历史机遇下，公路建设进入了一个高速发展的时期。截至 2015 年年末，全国公路总里程 457.73 万公里，比 2014 年末增加 11.34 万公里；全国等级公路里程 404.63 万公里，比 2014 年末增加 14.55 万公里。随着我国公路网交通线不断向崇山峻岭、离岸深水延伸，公路隧道的总量和建设规模继续增大。截至 2015 年底，全国公路隧道为 14 006 处、12 683.9 km，增加 1 602 处、1 927.2 km。其中，特长隧道 744 处、3 299.8 km，长隧道 3 138 处、5 376.8 km（据交通运输部统计，来源：http://www.moc.gov.cn/jiaotonggaikuang/201510/t20151015_1902280.html）。近年来，公路隧道每年净增里程 1 000 km 以上。目前，我国已是世界上公路隧道最多、发展最快的国家。

在建设高等级公路的山区，隧道规划特别重要，可以避免自然灾害，保护环境，提高公路线形，减少出行里程，提高运营效率。与地面工程相比，隧道施工具有以下特点：

（1）由于隧道是地下建筑物，受地质和水文地质条件的制约，因而施工环境差、难度大、技术复杂、要求高。隧道开挖时的坑道在未衬砌前，通常须加支撑以承受地层压力。同时地层不得暴露过久，必须及时衬砌，以免地层压力增大而发生坍塌事故。

（2）隧道施工是一种多工序、多工种联合的地下作业，工作面狭窄，而且地层愈差，所采用的坑道愈小，工作面能容纳的人数不多，出渣、进料运输量多，施工干扰大，为加快施工进度，需以横洞、斜井、平行导坑增加工作面，施工复杂而艰巨，因而施工进度受到限制，必须全面规划，科学地组织施工。

（3）隧道工程大部分地处深山峻岭之中，场地狭小，要使用多种机械设备，需要相当数量的洞外设施来保证洞内施工，而洞外往往受地形限制，场地布置比较困难。

（4）隧道内工作条件差，空气不足，光线不好，有时还有地下水和有害气体，如发生坍塌、涌水、瓦斯等诸多不安全因素。因此，要制定出切实可行的安全技术组织措施。

因此，要保证隧道施工的顺利进行，必须要有严密的施工组织，并且使各工序有条不紊地按照循环作业的顺序和时间进行。

第二节　隧道施工安全风险原因分析

由于隧道工程具有投资大、施工周期长、施工项目多、施工技术复杂、不可预见风险因素多和对社会环境影响大等特点，隧道工程建设是一项高风险建设工程。由于规模大、发展快、技术和管理力量难以充分保证的客观原因，加之施工人员（安全管理人员、技术人员、民工等）的安全素质、安全水平良莠不齐，加上对隧道工程安全风险的认识不客观、风险管理不科学、风险管理的投入不到位的主观原因，所以隧道工程建设中的事故频发，形势非常严峻，令人担忧。

隧道施工安全风险产生的原因可分为直接原因和间接原因。

一、直接原因

根据系统工程的分析观点，引发隧道安全事故的原因主要有施工过程中物的不安全状态、环境的不安全条件、人的不安全行为和管理缺陷（混乱）。

（一）人的不安全行为

人的不安全行为是事故产生的直接因素。除了先天性的身体、生理因素外，导致事故的人的因素主要包括人的安全知识、安全意识、安全习惯、安全技能水平等方面。

（1）安全知识不够。操作人员若缺乏必要的安全知识，就不能正确判断其操作过程是否安全。例如：缺乏必要的电气安全知识，在检修作业中就容易误合开关，造成检修中的带电作业，或在检修中启动设备；由于缺乏必要的塌方征兆预判知识，一旦发生事故，本可以顺利逃生，却遗憾地受到伤害甚至丧失生命。

（2）缺乏安全意识。缺乏必要的安全意识，对不安全行为视而不见，在自觉不自觉中产生失误。比如：在台架上作业时不系好安全带；钻眼时不戴口罩，强行启动不安全的设备；本来应该用设备或工具操作，但为了省事，用手、脚或身体其他部位代替。

（3）不安全的习惯。人们在长期的生产过程中会形成一些不安全的习惯，这些习惯也是造成人失误的一个原因。比如：由于作业习惯，有时物体的存放角度、位置、高度、方式等不合理，容易引起物体的掉落；不系好安全带在高处作业；不戴安全帽进入现场作业等。

（4）安全技能水平低。包括技能熟练程度、按规则行动能力及知识水平三个方面，主要表现为：缺少实际经验、技术知识，对存在的事故隐患认识不到，或认识较浅、片面，看不到问题的本质，对看到的问题的处理也容易出现治表而不治本；还有一种表现，那就是技术知识不足或知识面狭窄，因掌握的知识有限，不能举一反三，对一些新出现的问题无法提出解决的办法，或解决的办法不妥，在新材料、新技术、新工艺、新装备、新岗位面前显得无所适从。技能水平与教育水平有关，与职业培训有关。经过职业教育和训练及长期积累工作经验，方可提高技能水平。

（二）物的不安全状态

物的不安全状态也是事故产生的直接因素。导致事故发生的物的因素主要包括施工设备、施工设施、施工材料、隧道结构等。

（1）施工设备的不安全状态。主要是指隧道加固、开挖、支护、衬砌、出渣、提升、通风、运输、地质预报等过程中所用到的机械设备的不安全状态。

（2）施工设施的不安全状态。主要是指隧道施工涉及的脚手架、安全防护装置、个人防护用品、施工便道等临时设施的不安全状态。

（3）施工材料的不安全状态。主要是指施工原材料、构件有质量缺陷、性能不达标等。

（4）隧道结构的不安全状态。主要是指施工方案不合理导致隧道围岩和结构处于不稳定状态，或原材料标准、施工质量不合格导致隧道围岩和结构处于不稳定状态。

(三)环境的不安全条件

环境的不安全条件也是事故产生的直接因素。导致事故发生的环境因素主要包括隧道内部的作业环境、隧道外部的自然环境、隧道外部的周边环境等。

(1)作业环境的不安全条件。主要是指造成职业健康危害方面的不安全风险因素,比如照明不足,尘、毒、噪声、振动超标,作业空间狭小、温湿度等不良、恶劣的作业环境。

(2)自然环境的不安全条件。一方面是指滑坡、崩塌、泥石流等引发的自然灾害,一般包括来源于隧道内部的自然灾害和来源于隧道外部的自然灾害;另一方面是指隧道施工对自然环境的破坏和污染。

(3)周边环境的不安全条件。一方面是指由于隧道施工导致周围建筑物、管线、既有线、桥梁等环境结构物破坏或不能正常使用;另一方面是指隧道施工产生的噪声、振动、扬尘等对周围居民健康的不良影响。

(四)管理缺陷

人的不安全行为和物的不安全状态往往只是事故直接和表面的原因,深入分析可以发现,发生事故的根源在于管理的缺陷。虽然造成安全事故的原因是多方面的,但根本原因在于管理系统,包括安全费用投入、管理的程序、监督的有效性、员工培训、施工检查、方案制定与审批、作业标准、施工质量控制、原材料质量控制等方面的缺陷,都是因管理失效而造成的安全事故。导致安全事故的管理因素主要包括企业主要领导者对安全不重视,组织结构和人员配置不完善,安全规章制度不健全,安全操作规程执行不力等。在隧道业,劳动力密集,劳动者文化素质低,在这种情况下加强安全管理就显得十分重要。

上述是事故形成的四大直接原因。在事故管理中,尤其是在具体的事故分析以及事故的报告中,是按照事故的性质来划分事故原因的。因此在实际的工作中,必须找出事故的直接原因和间接原因,以便分清事故最直接和最真正的触发原因,从而采取切实可行的防范措施,防止类似的事故重复发生。

二、间接原因

事故的间接原因,是指引起事故原因的原因。事故是由直接原因产生的,而直接原因又是由间接原因引起的。换句话讲,事故最初就存在着间接原因,由于间接原因的存在而产生了直接原因,然后通过某种触发的加害物而引起了事故发生。

间接原因与人的技术水平、受教育的程度、身体健康状况、精神状况以及管理、社会等因素有关。

(一)技术原因

技术原因是指由于技术上的缺陷引起事故的原因。如工程装置或设施的设计不合理、没有考虑安全系数和物质的自然规律,结构材料选择不当,设备的检查及保养技术不科学,操作标准技术水平低,设备布置和作业场所(地面、空间、照明、通风技术)有缺陷,机械工具的设计与保养技术不良,危险场所的防护及警报技术不过关,防护设施及用具的维护与使用不当,设备的性能存在问题,以及使用的材料达不到要求或者是假冒伪劣材料、产品等。

(二)教育原因

教育原因主要是指对上岗人员缺乏应有的安全教育。如缺乏安全知识和安全技术教育,对作业过程中的危险性及应当掌握的安全操作、运行方法不了解或安全训练不够,不安全的坏习惯未克服，根本就没有进行安全教育与培训(如采用替考或弄虚作假进行安全培训)等。

(三)身体原因

身体原因是指操作人员的健康状况。如生病(高血压、头痛、头晕、腹痛、癫痫等)、身体缺陷(色盲、近视、耳聋等)、疲劳(睡眠不足、局部器官较长时间工作等)、饮食失调(醉酒、饥饿、口渴等) 等。

(四)精神原因

精神原因通常分为三种类型：一是精神状态不良，例如思想松懈、反感、不满、幻觉、错觉、冲动、忘却、紧张、恐怖、烦躁、心不在焉等；二是性格方面的缺陷，例如固执、心胸狭窄、内向、不愿交流等；三是智力方面的缺陷，例如白痴、脑膜炎患者和反应迟钝等。

(五)管理原因

管理原因既属于直接原因，又属于间接原因。管理不善、缺陷与混乱造成的事故是多种多样的。如领导者的安全责任心不强，安全管理机构不健全，安全技术措施不落实，安全教育与培训不完善，安全标准不明确，安全对策的实施不及时，作业环境条件不良，劳动组织不合理，职工劳动热情不高和管理者的急功近利行为严重等。

(六)社会及历史原因

社会及历史原因是指造成事故的社会原因和历史原因。社会及历史原因涉及的面很广，情况也比较复杂。如学校对安全教育不重视，国家或政府部门没有切实可行的或没有制定健全的安全法律及政策，安全行政机构不健全，社会对安全的重要性认识不清，生产技术水平落后等。

总而言之，导致事故发生的间接原因大体上是上述诸原因中的一种或几种。在实际的工作中，技术原因、教育原因和管理原因是较常出现的，身体原因和精神原因也时有出现，而社会及历史原因由来深远，牵涉面较广，直接提出针对性的对策也比较困难。但这绝不是说社会及历史原因就不应当受到重视，恰恰相反，更应当深刻认识并重视社会及历史原因，只有这样，我们国家国民的安全素质才能得到真正提高，事故发生率才会真正彻底减少。

第三节 隧道施工安全风险管理

安全是人类最重要、最基本的需求，是人的生命与健康的基本保证。隧道工程是一个风险源多、风险性较大的行业，也是事故多发的行业。这就要求参建各方必须加强安全风险管理，隧道施工应将风险评估与管理贯穿于隧道设计和施工的全过程。建设、勘察设计、施工和监理单位应根据工程地质、施工环境和条件对隧道工程实施动态、有效的风险控制和跟踪处理。

建设单位应制定风险评估和风险管理工作实施办法，督导勘察设计单位和施工单位分别在设计阶段和施工阶段开展风险评估工作，对高度和极高的风险等级进行审查，必要时委托相关专业机构进行风险监测，检查、监督、协调和处理评估工作中的有关问题。勘察设计单位应在设计阶段开展风险评估工作，将评估结果纳入设计文件，向施工单位进行有关风险的技术交底和资料交接，参与施工期间的风险评估，并根据风险监测结果提出风险处理意见。施工单位应对施工阶段的风险进行评估，根据评估结果提出相应的处理措施并报建设单位批准后实施，在施工期间对风险实时监测，定期反馈，根据风险监测结果调整风险处理措施。监理单位应参与制定和监督施工阶段风险评估与管理工作，并检查风险处理措施的落实情况。

在隧道施工过程中，应通过风险计划、风险识别、风险评估、风险处理和风险监测等程序积极进行风险管理。风险管理基本流程如图 1-1 所示。

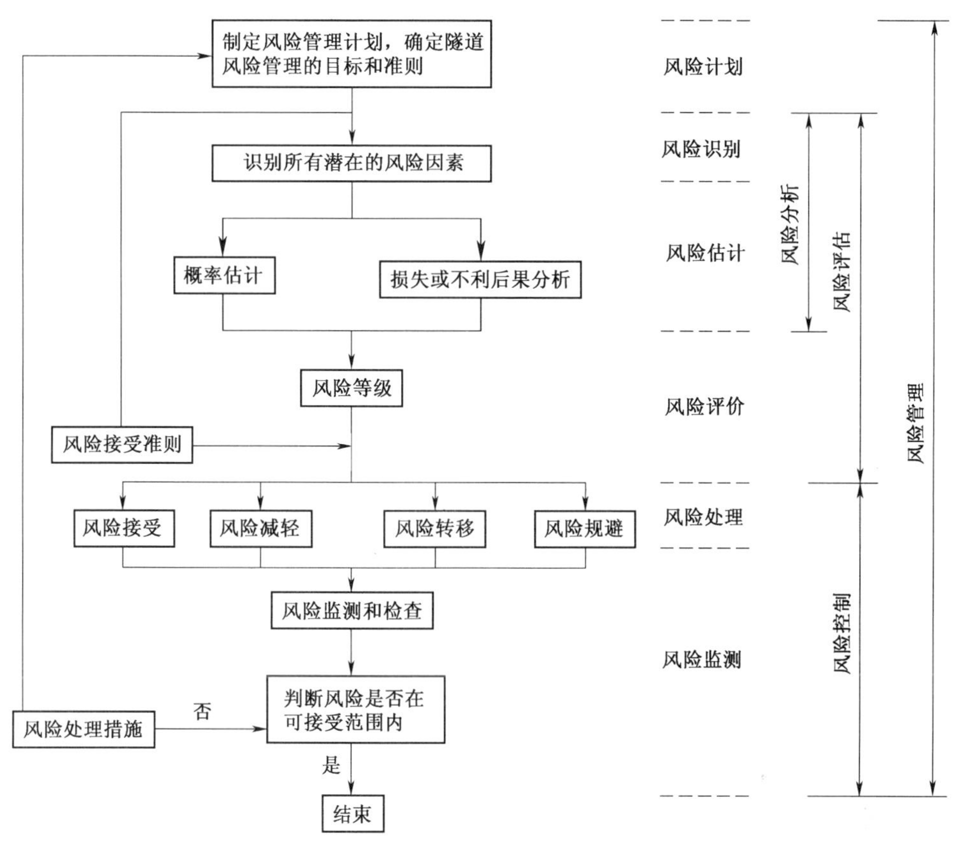

图 1-1 风险管理基本流程图

隧道施工前，施工单位应对设计文件中涉及施工安全的内容进行核对，并将结果及存在的问题报送建设、勘察设计、监理等相关单位，建设单位应督促勘察设计单位对存在的问题及时提出完善措施。重点核对下列内容：(1)穿过不良地质和特殊岩土地段的设计方案；(2)地下管线和相邻建(构)筑物；(3)施工对环境可能造成影响的预防措施；(4)隧道与辅助坑道的洞口位置及边、仰坡的稳定程度；(5)弃渣场位置、安全防护措施和环境保护要求。

施工中，施工单位应在设计阶段风险评估的基础上，结合环境和地质条件、施工工艺、设备、施工水平、经验和工程特点等，对新出现的风险进行识别，提出风险处理措施供建设单位决策，对已识别的风险进行监测。施工单位应在施工现场公示识别的风险，其内容包括风险描述、监测方案、应急措施和责任等。

施工过程中风险的监测包括施工监测、工况和环境巡视、工作面状态描述、风险处置过程和发展趋势等内容。施工单位在施工过程中应将地质超前预报、监控量测纳入施工的重要工序，按照设计要求编制施工监测的实施方案，对工程自身结构及环境风险进行全面监测；提前识别和预测地质风险因素，保证施工安全。

施工中,参建单位应建立风险的预警、响应及信息报送机制。施工单位应根据实时监测数据、工况、环境巡视和工作面异常状态等确定预警级别,形成异常状况报告;对可能发生重大突发风险事件的预警状态,施工单位应立即启动相关预案,组织处理,并报建设、勘察设计和监理单位。

隧道洞口应设专人值班,建立隧道进出人员动态管理制度。隧道施工应建立有线通信联络系统,长、特长及高风险隧道施工还应建立可视监控系统,并定期维护,保证洞内外信息及时传达。

第二章 施工准备阶段安全技术与风险控制

第一节 施工安全调查策略

隧道施工前,应核对设计文件,对工程结构物和临时工程所处的地形地貌、地质条件、社会环境、气象条件等进行调查,确保临时结构、临时工程的选址、设计和施工的安全,确保工程结构物的安全,为制定安全规章制度等提供资料支持。

一、隧道施工安全条件调查策略

准确掌握隧道位置、施工方案、技术难点、推广新技术项目等,尤其应注意瓦斯、岩溶、风积沙、含水砂层、富水软弱破碎围岩、岩爆、膨胀性和挤压性围岩、黄土、高原冻土等高风险隧道的工程特点。

二、水文气象资料安全调查策略

应掌握的水文气象资料包括河流分布、流量、流速、洪水期、水位变化、气温、雨量等,了解隧道地段的地表水及补给对地下水的影响,掌握冰雪融化对隧道施工安全的影响(与隧道土质有关)。

三、地形地貌及地质安全调查策略

全面掌握地形、地貌特征,地质构造(土壤类别、岩层分布、风化程度、不良地质现象和工程地质状况),地下水的水质、水量,地震裂度等,为工程结构物的安全专项方案编制、安全技术措施的采用、安全风险的管理控制提供基本资料,为便道等临时工程选址设计与施工维护提供基础资料。

另外,要特别强调的是,泥石流、滑坡、塌方落石等对工程结构物的施工安全构成极其严重的威胁,务必做好调查。临时工程(尤其是施工驻地)选址时应进行必要的规避,尤其是要避开易发生塌方落石地段,避开泥石流区等不良地质地段(须重视隧道钻爆法施工时振动引发地质灾害的风险)。无法规避时应制定相应的安全措施和应急预案并贯彻实施。

四、原材料安全调查策略

主要应调查钢筋、水泥等的产地、产量、质量、运距等,既要考虑经济性,又要考虑加工运输的安全性。

五、既有设施调查策略

既有设施调查的主要目的在于考虑能否及如何利用既有的电力、油料、燃料情况,交通、通讯情况,当地水源和生活供应情况,可利用的民房、劳力和附属辅助设施情况等。不可忽视的是,既有设施对于工程结构物的施工安全也有较大的影响,例如邻近建筑物、邻近铁路营业线、邻近既有公路、邻近高压输电线路等,若施工方案不当,可能造成触电、火灾、建(构)筑物损毁等严重事故。

六、社会环境调查策略

掌握当地人口、土地数量、农田水利、征(租)用土地、拆迁的政策和规定等,了解地方生活供应情况,熟悉当地人民群众生活风俗习惯、社会治安、医疗卫生防疫等情况,以免与当地群众发生矛盾甚至社会群体性事件。

第二节　施工便道安全技术与风险控制

利用乡村道路作为施工便道时,要与当地政府(与所属行政级别对应,比如村道就是村委)签订协议,加强日常道路维修与养护,保证便道顺畅,待工程完工后按照协议进行补偿或修复,以免造成社会矛盾,引发群体性事件。

本节所述施工便道,主要系指新建临时便道。

一、风险控制重点

施工便道属于临时工程,是指为维持短期通车而修建的临时线路,一般采用较低的建筑标准,通常在达到预期使用目的后即拆除或废弃。随着我国公路建设向山区的不断延伸,山区既有交通逐渐闭塞,公路施工时一般都需要修筑施工便道。由于便道的临时性、低标准、所建山区地质条件复杂等特点,近年来,因便道引发的安全事故时有发生,成为山区公路工程施工中重要的安全隐患。

施工便道的风险控制重点在于:

(1)杜绝因选线不当引发地质灾害。

(2)防止因修建标准偏低导致交通事故。

(3)防止排水、防洪措施不当的不安全行为,以免造成便道被冲毁或坍塌。

(4)防止无必要安全标志或安全标志设置错误的不安全状态,以免造成交通事故。

(5)杜绝便道的土石方弃渣未弃置在河道、沟谷的不安全行为,以免引发泥石流灾害和洪水灾害。

(6)在盘山道、“之”字道上同一段内进行便道施工时,严防作业人员上下同时进行开挖土石方作业的不安全行为,以免造成物体打击伤害或埋压事故。

(7)严防施工机械的指挥及操作人员酒后作业或疲劳工作的不安全行为,以免造成机械伤害或交通事故。

(8)陡坡作业时,防止作业人员不系好安全带和安全绳的不安全行为,以免造成高处坠落伤害。

(9)维修便道时,防止施工地段的两端未正确设置安全警告标志的不安全行为,以免造成车辆伤害或交通事故。

(10)防止因便道恢复不到位而引发社会群体性事件。

二、建设标准

(一)宽度

要求便道干线 5 m 宽,支线 3.5 m 宽,曲线或地形复杂地段应适当增加。

特殊地段可适当降低宽度要求并增加会车台处理,但干线不得低于 3.5 m 宽,支线不得低于 2.5 m 宽。

在临壑地段,应适当加宽路面,以确保行车安全。

在需要设置会车台的路段,按照每 200 m 设置一处,会车台处路段路面宽度不得小于 6 m,路基宽度不小于 7 m,长度不小于 20 m,且有明显标识。

(二)坡度

纵向:一般情况下不得大于 8%,困难条件下不得大于 10%,极困难条件下不得大于15%(须根据所配备的各种车辆和大型机械的具体情况来确定)。挖方和低填方路段,应设置不小于 0.3%的纵坡,以利于排水。

横向(路拱):1.5%~2%。

(三)转弯半径

一般情况下不得小于 20 m,困难条件下不得小于 15 m,极困难条件下不得小于 10 m(须根据所配备的各种车辆和大型机械的具体情况来确定)。

(四)路基

新建路基必须经过分层碾压,以满足施工车辆运输要求。对于特殊地段,务必进行换填或加固处理。施工便道边坡坡率不应小于 1∶0.5。

(五)路面

施工便道路面最低标准采用泥结碎石或级配碎石(基层应采用不小于 20 cm 厚的 6%石灰土,面层应采用不小于 5 cm 泥结碎石)。在条件允许的情况下,便道面层可采用矿渣铺筑(不小于 8 cm);特大桥、搅拌站和预制场与地方路连接段,便道路面必须采用 20 cm 厚 C25 混凝土硬化。

各场(站、区)、重点工程施工等大型作业区,进出场的便道 40 m 范围应进行硬化,标准为:C20 混凝土,厚度不小于 15 cm,并设置碎石或灰土垫层,基础碾压密实。

(六)挡护

靠近沟壑一侧必须修建挡护工程,包括挡土墙(填方段)和防撞墩。防撞墩采用混凝土浇筑,黄黑色油漆竖向标识(黄黑间距 25 cm),在挖方段靠近易滑坡体侧要设置上浆砌片石挡护,高度不小于 1 m,勾横平竖直的阳缝。

(七)水沟

施工便道应设置必要的排水沟,确保便道路面排水畅通。排水沟根据地形设置,宽度和深度不小于 50 cm,并进行硬化处理,可采用石砌。根据地形每 100 m 左右将排水沟中水流通过路面下暗沟引至沟壑一侧排走,引入沟壑时注意水土保持,不得冲刷当地农田,暗沟采用埋设混凝土预制管的方法通过路面。

在汇水面积较大的低凹处设置涵洞,以满足排水泄洪要求。

便道经过水沟地段,要埋置钢筋混凝土圆管或设置过水路面,做到排水畅通。

(八)标识

便道全程必须悬挂或立警示、指示标志,标志标识制作要求见国家交通安全标识标准。标识标志包括:转弯警示、急坡警示、落石警示、会车台指示、桥梁指示、整里程标识、分岔路口指示、工地驻地指示、限高、限重、限速标志牌等。

三、安全选址与选线

在施工便道选址与选线过程中,应遵循如下原则:

(1)结合地形、地物和现有生活、生产设施,充分利用现有道路,尽量避免对当地居民生活造成困扰。

(2)便道处于傍山时,要注意避免修建便道引发滑坡、坍塌等地质灾害,要注意处理边坡危石,防止滑坡、塌方破坏便道。

(3)遵循施工平面布置,必须满足工程施工机械、材料进场的要求。

(4)便道宜利用永久性道路,新修施工便道应尽可能建在永久用地范围内(不用恢复原貌)。

(5)应尽量避免与既有铁路路线、公路平面交叉。便道干线不宜占用路基,特殊地段必要时可考虑短期占用路基,但应采取短期临时过渡性措施,尽量缓解干扰。

(6)尽量避开洼地和河流,不建便桥或少建施工便桥(风险高、成本高)。

(7)便桥的选址要充分考虑河道的排洪要求,同时尽量地以减少桥长为原则。

(8)施工现场的道路应保证畅通,并与现场的存放场、仓库、施工设备等位置相协调,满足施工车辆的行车速度、密度、载重量等要求。

(9)合理保护便道上的古树、大树及珍贵树木,尽量少破坏原生态,将开挖范围内的树木、草根移栽到便道路边或边坡上,并适时在边坡植草、种树。

(10)接到设计文件及线路征地图后,应立即组织相关人员进行征地放样及结构物的现场原地貌放样,结合现场的整体场地规划进行施工便道选线,并随实施性施工组织设计上报监理工程师批准后方可实施。

四、安全标志

(1)对施工便道从起点起依序统一编号,设便道标识牌于路口处,标识牌按照 1.0 m×0.8 m尺寸制作,蓝框白底蓝字,标明便道序号、方向(通往××)、陡弯段里程等内容。

(2)路线明显变化处、便道平面交叉处,应设置指路和警告标志。施工便道转弯、临空处、交叉口和出场地入口须埋设高度不低于 80 cm、间距不大于 10 m 的警示桩。警示桩可采用直径不小于 10 cm 的 PVC 管制作,管内填 C15 混凝土,管外贴红白相间反光膜,警示桩采用 C20 混凝土基础,尺寸为 20 cm×20 cm×30 cm。

(3)便道途经村镇、街道、学校等人口密集区,应设置禁令标志。

(4)易塌方、滚石等危险路段,应设置道路防护及警告标志。

(5)途经小桥,应设置限载、限宽警告标志;途经通道,应设置限宽、限高警告标志。在跨越河道便桥上,要根据计算的承载力和宽度设置限高、限重、限速标志牌,便桥两侧设置防坠落护栏,其高度符合相关要求。

(6)施工便道宜设置里程桩和百米桩,从起点开始对应主线桩号在便道外侧路肩埋设。

(7)在进入施工便道后的路侧应设置“进入施工现场,请减速慢行”标志,同时应并设限速标志；从干线公路或地方道路等进入施工便道时，应在入口处设置“非施工车辆，禁止驶入”的禁令标志。

（8）便道穿越干线公路或地方道路时，应在公安交警和公路路政部门的指导下，按《道路交通标志标线》（GB 5768—2009）设置警告、禁令、指示等必要的标志和安全设施，确保道路交通安全。

五、安全施工

（1）施工人行道的宽度不得小于 1 m，特别困难地段不得小于 0.6 m。

（2）陡坡地段运输便道应在陡坡上挖砌台阶。

（3）在“之”字形施工便道转弯处，应设置不小于 1 m×1 m 的平台，并按需要设置栏杆和加铺防滑材料（如砂、碎石等）。

（4）施工便道的土石方弃渣应妥善处理，不得：

①侵占正式工程建筑物位置。

②挤压河道。

③污染水源。

④引起流石流泥，甚至引起泥石流。

⑤毁坏农田。

⑥危及行车安全。

（5）施工便道采用土石方机械施工时，在半路堑陡坡地段的虚渣作业区，应设置醒目的禁止超越标志，并设防护人员指挥机械作业。

（6）在盘山道、“之”字道上同一段内，严禁上下同时进行开挖土石方作业。

（7）所有施工机械在停机时，应恢复到启动前的安全位置上。推土机的刀片、铲运机的铲斗、挖掘机的挖斗在工作完毕后应落到地面。非值班司机，不得启动机械。

（8）任何人员不得爬乘挖掘机、铲运机、翻斗车等施工机械。

（9）施工机械的指挥及操作人员不得酒后作业，严禁疲劳工作，必须精力集中，加强瞭望，保证安全。

（10）夜间施工应有足够的照明设施。当照明发生故障时，正在作业的机械应停止作业。施工机械的大灯光改为小灯光，并低速靠边行驶。

（11）在陡坡上作业的人员必须系好安全绳，安全绳在使用前必须检查是否拴牢固。

（12）施工人员作业前，应有专人对作业环境的粉尘含量进行检测，严禁在粉尘含量超过 2 mg/m^3 的环境中工作。

（13）清理路堑边坡孤石或进行刷坡，必须自上而下进行；严禁重叠作业和坡脚站人。

（14）火烤融化冻土，应有防火措施。

（15）在解冻地区施工必须防止冻土因受热融化发生坍方和冻块坠落伤人、砸坏设备。

（16）各种脚手架、机械塔架等均应设在稳固的地基上，严禁超荷载。

（17）脚手板上必须有防滑设施，不得使用腐朽、劈裂的木板，并不得出现探头板。

（18）接触灰土的作业人员应佩戴口罩和手套等防护用品，并在上风口作业。

（19）施工便道靠近既有铁路时，应在靠近铁路一侧设置防护设施，并设置道路出入口栏门。出入口栏门应有专人看守，车辆及大型施工机械进入应实行监护、许可制度，未经许可严禁进入;不施工时应封闭。

(20)施工便道靠近高路堑、深基坑时应设置防护设施及安全警示标志。行人、车辆频繁通过的施工便道交叉路口应悬挂安全警示标志。

(21)临时便道和正式公路交界处应设置安全标志。在施工便道间的交叉口、与铁路的交叉口及渡口处,应设立标志。

(22)在傍山险路处,应将设置的防护石墩刷白。

(23)在过水路面、漫水桥上、积雪严重地段应设置标杆。

(24)施工便道应避免在架空索道及起重设备工作范围内穿越,如因场地限制确需穿越时,应有防护设备和安全措施。

(25)冬季施工时,所有道路均应及时清除冰雪和采取防滑措施。

(26)隧道洞口附近的便道施工还应注意:

①施工前先清理开挖部位上方及侧方可能滑坍的表土、灌木及山坡危石,疏通流水沟渠,排除积水。

②洞口边、仰坡上方的天沟应及时施作。

③对土质天沟做到随挖随砌,不得使水流冲刷坡面。

④洞口土石方按设计要求自上而下分层开挖,分层支护。开挖土方随挖随弃,避免因弃渣堵塞造成的排水不畅、过大压力引起山坡坍塌和对下方建筑物及附属设施的危害。

⑤便道处于陡峭边坡时,施工时应在外侧增设隔离带,部分危险地段可采用开挖反向平台并堆砌砂袋防护,以防止高空土石坠落。

六、安全养护

(1)施工期间应指定专人(队)负责对施工便道(便桥)的日常检查和养护,每个项目部最少要配备一台洒水车用于晴天洒水,做到雨天不泥泞、晴天少粉尘。

(2)利用地方道路作为施工便道,承包人应提前与有关部门签订好协议,待工程完工后按照协议进行补偿或修复。

(3)工程完工后,承包人应将施工便道及便桥予以拆除。当地部门要求保留时,要与相关部门签订好协议,否则应予以复耕或对河道进行清理。

(4)及时清理排水沟和涵洞的淤泥、杂物,保证排水通畅。

(5)施工车辆需频繁、大量、集中出入便道而穿越干线公路(或地方道路)时,必须派安全管理人员进行现场指挥,保证道路交通安全。

(6)为保证施工便道的正常使用,应配备必要的机械、工具和材料,对施工便道进行养护,在便道两侧每隔一段距离堆放一定数量的砂砾用于填补坑洼,保证路况完好,确保无坑洼、无落石,排水通畅。

(7)维修施工便道时,应在施工地段的两端设立警告标志。夜间维修便道应设灯光警告标志。用撬棍或十字镐维修施工便道路面,必须保持前后左右的安全距离。用架子车等运料机具上下陡坡时应有刹车设备,并检查刹车的灵敏度。架子车、手推车上严禁载人。

第三节　弃渣场安全选址与安全修建技术

我国有三分之二的国土地处山区或丘陵地区,在山区修建公路,尤其是隧道工程,所产生的弃渣较多,需设置一定数量的弃渣场。但是,如果弃渣场选址不好、复垦方式(处置方式)不当,将加重对地表植被的破坏,造成严重的水土流失,影响公路沿线的景观环境,增大环境治理费用。因此,公路工程选择合适的弃渣场及合适的复垦方式,既是环保、水保的要求,也是节约工程投资的需要。

弃渣场是公路工程中一个特殊的构筑物,若选址不好或复垦方式不当,将会影响到公路本身的安全和公路工程的环境保护,特别是山丘区公路弃渣场,如果选址不当或复垦效果不佳,可能会多占土地或多占良田,在降雨、风等因素的作用下极易发生严重的水土流失,而且景观效果和生态效果较差,易引起当地居民和司乘人员投诉。因此,公路弃渣场必须选址合理,必须加强弃渣场的水土流失防治措施,防止和降低弃渣场处置不当造成的危害。

一、弃渣场选址原则

(1)弃渣场选址应贯彻安全性、环保性、经济性和合法性原则,宜集中弃渣,弃渣场容量应满足弃土方量的要求。

(2)隧道开挖所产生的弃渣应尽量用于路基填筑或作为地方建设工地用土。弃渣运至地方建设工地,不仅可以实现双方经济上的互惠,而且可以减少公路工程占地,减少对植被的破坏和水土流失。

(3)在崩塌滑坡危险区、泥石流易发区不应设置弃渣场,否则可能诱发崩塌滑坡或泥石流。

(4)应避免在县级以上人民政府划定的自然保护区、风景名胜区、森林公园、文物保护单位、饮用水源保护区、地质遗迹保护区及基本农田保护区设置弃渣场。实在无法避免时,应按相关法律法规及规章的要求进行处理。

①《中华人民共和国自然保护区条例》第 32 条规定:“在自然保护区的核心区和缓冲区内,不得建设任何生产设施。在自然保护区的实验区内,不得建设污染环境、破坏资源或者景观的生产设施。”

②《关于涉及自然保护区的开发建设项目环境管理工作有关问题的通知》第 3 条规定:“强化穿越自然保护区的国家重点建设项目的环境管理。经国家批准的交通、水利水电重点建设项目因受自然条件限制,必需穿越自然保护区,特别是自然保护区的核心区、缓冲区内时,应对自然保护区的内部功能区划或者范围、界线进行适当调整。”

③《风景名胜区条例》第 24 条规定:“风景名胜区内的景观和自然环境,应当根据可持续发展的原则,严格保护,不得破坏或者随意改变”;第 26 条规定:“在风景名胜区内禁止开山、采石、开矿、开荒、修坟立碑等破坏景观、植被和地形地貌的活动”;第 27 条规定:“禁止违反风景名胜区规划,在风景名胜区内设立各类开发区和在核心景区内建设宾馆、招待所、培训中心、疗养院以及与风景名胜资源保护无关的其他建筑物。”

④《森林公园管理办法》第 12 条规定:“禁止在森林公园毁林开垦和毁林采石、采砂、采土以及其他毁林行为”;第 13 条规定:“占用、征用或者转让森林公园经营范围内的林地,必须征得森林公园经营管理机构同意,并按《中华人民共和国森林法》及其实施细则等有关规定,办理占用、征用或者转让手续,按法定审批权限报人民政府批准,交纳有关费用。”

⑤《饮用水水源保护区污染防治管理规定》第 11 条规定:“饮用水地表水源各级保护区及准保护区内均必须遵守下列规定:一、禁止一切破坏水环境生态平衡的活动以及破坏水源林、护岸林、与水源保护相关植被的活动。二、禁止向水域倾倒工业废渣、城市垃圾、粪便及其他废弃物。”

⑥《基本农田保护条例》第 15 条规定:“基本农田保护区经依法划定后,任何单位和个人不得改变或者占用。国家能源、交通、水利、军事设施等重点建设项目选址确实无法避开基本农田保护区,需要占用基本农田,涉及农用地转用或者征用土地的,必须经国务院批准”; 第 16 条规定:“经国务院批准占用基本农田的,当地人民政府应当按照国务院的批准文件修改土地利用总体规划,经补充划入数量和质量相当的基本农田”; 第 17 条规定:“禁止任何单位和个人在基本农田保护区内建窑、建房、建坟、挖砂、采石、采矿、取土、堆放固体废弃物或者进行其他破坏基本农田的活动。”

⑦《中华人民共和国文物保护法》第 17 条规定:“文物保护单位的保护范围内不得进行其他建设工程或者爆破、钻探、挖掘等作业。但是,因特殊情况需要在文物保护单位的保护范围内进行其他建设工程或者爆破、钻探、挖掘等作业的,必须保证文物保护单位的安全,并经核定公布该文物保护单位的人民政府批准,在批准前应当征得上一级人民政府文物行政部门同意;在全国重点文物保护单位的保护范围内进行其他建设工程或者爆破、钻探、挖掘等作业的,必须经省、自治区、直辖市人民政府批准,在批准前应当征得国务院文物行政部门同意。”

(5)弃渣场不应危害公路、铁路路基、桥梁、隧道、工业与民用建筑、水利工程设施、通信电力设施、管道设施和居民房屋等的安全。弃渣场如果设置不当,可能危害各类建筑的安全,造成建筑倒塌或被掩埋。

(6)软土区域不宜设置弃渣场,若必须设置,应对软土进行处理,确保弃渣场稳定(软土区域设置弃渣场,可能导致软土层滑动。同时,软土遇雨或干旱缺水可导致软土层膨胀或收缩,导致弃渣场不稳定)。

(7)弃渣场宜不占或少占林地、耕地或园地。我国人口众多,人均林地、耕地或园地相对较少,而这三种土地类型具有较好的经济、社会或生态效益,十分宝贵。

(8)弃渣场宜远离江河、湖泊和水库管理范围,不应在江河、湖泊和水库管理范围内设置弃渣场,原因是减少泥沙进入水体,避免河流、湖泊和水库被泥沙淤积。《中华人民共和国防洪法》第 22 条规定: “禁止在河道、湖泊管理范围内建设妨碍行洪的建筑物、构造物,倾倒垃圾、渣土,从事影响河势稳定、危害河岸堤防安全和其他妨碍河道行洪的活动。”

(9)弃渣场设置应考虑对景观的影响。当通过植物措施或工程措施无法使公路取、弃渣场与沿线景观协调时,宜另外选址(随着人民生活水平的提高,人们越来越重视公路沿线的景观环境,公路工程弃渣场的设置也应考虑对景观的影响)。

(10)不宜在上游汇水面积过大的沟、谷设置弃渣场(本条考虑的是上游来水量对弃渣场挡渣、排水措施工程数量多少的影响和水土流失的影响。在上游汇水面积过大的沟、谷,上游来水量大,设置弃渣场挡渣措施和排水措施工程数量大,且易造成弃渣场严重的水土流失。由于上游来水量(设计流量)是由降雨、弃渣场坡度的陡缓和汇水面积大小等因素决定的,因此本条不宜给出上游汇水面积过大的面积具体限值)。

(11)弃渣场宜设在凹地或沟、谷的顶部,也可设置在坡地、平地上,不宜设置在沟、谷的中、下部。凹地作为弃渣场,不仅可以最大限度地减少料场挡渣墙工程数量和弃渣引起的水土流失,而且可以减少占地; 当在沟、谷的顶部弃渣时,可以减少挡渣墙工程数量、占地和水土流失; 在沟、谷的中、下部弃渣时,相对平地而言,其可以减少占地,但是可能影响行洪,挡渣墙需考虑洪水水压力的影响,工程数量大,而且一般水土流失比在沟、谷顶部要大; 坡地、平地设置弃渣场可以采取挡渣措施来减少水土流失,但挡渣工程数量一般较大。

二、弃渣场复垦

土地复垦，是指对在生产建设过程中因挖损、塌陷、压占、污染等造成破坏的土地或因自然灾害造成破坏的土地采取整治措施，使其达到可供利用状态或恢复生态的活动。公路工程弃渣场复垦方式（方向）包括恢复植被、复耕和建设用地等，其中，恢复植被包括种植乔、灌或草，以及种植果树等；建设用地则包括用作服务区、停车区和拆迁安置场地等。弃渣场应优先复垦为农业用地。

（一）弃渣场复垦为农业用地

1. 复垦工艺构成

弃渣场复垦土地用于农、林、牧业时，其复垦工艺一般由两部分构成，即复垦工程和恢复生态。但由于复垦后用途不同，有的只有复垦工程一个部分。

2. 复垦要求和标准

（1）弃渣场复垦方式（方向）的选择应与当地地形、地貌及环境相协调。

（2）弃渣场边坡和拦挡措施的稳定性应可靠。

（3）用作复垦的覆盖材料不应含有毒有害成分。如复垦场地含有毒有害成分时，应先处置去除，视其废弃物性质、场地条件，必要时设置隔离层后再行覆盖。充分利用从废弃地收集的表土作为顶部覆盖层。

（4）覆盖后的复垦场地应规范、平整。覆盖层容重等应满足复垦利用要求。

（5）复垦场地应有满足要求的排水设施，防洪标准应符合当地要求。

（6）复垦场地应有满足要求的道路设施。

（7）合理安排土石排弃次序，尽量将含不良成分的土石堆放在底部，品质适宜的土层（包括易风化性岩层）可安排在上部，富含养分的土层宜安排在顶部或表层。

（8）弃渣场应进行分级弃渣，梯级台阶高度宜控制在 6 ~8 m 范围内。弃渣边坡坡角应控制在 35°以下，顶面和平台的坡度应根据弃渣场的生态恢复方式合理确定。弃渣场顶面和平台复垦为旱地时，地面坡度一般不超过 5°；复垦为水田时，一般不超过 2°~3°；复垦为林、草地时，一般不超过 5°。

（9）边坡缓坡在 35° 以下可用于一般林木种植，坡度 15°~20°可用于果园（含桑）和其他经济林种植。

（10）经过整治的弃渣场的平地和边坡应覆盖土层，充分利用工程施工前收集的表土覆盖于表层。弃渣场用作农业时，覆土厚度应在自然沉实土壤 0.6 m 以上；用作林业栽植灌木时，覆土厚度应在 0.45 m 以上；栽植乔木时，覆土厚度应在 0.9 m 以上；栽植草本植物时，覆土厚度应 0.3 m 以上。弃渣场用作林业用地，苗木采取坑栽时，坑内应放入客土或人工土。

3. 复垦预防控制措施

（1）表土剥离和存放

工程开工前，对公路永久占地区可剥离的表土层进行剥离，并集中堆存，为后期弃渣场的土地复垦提供土源保障。弃渣场表面如有可利用的耕植土，应加以剥离利用。剥离的表土应尽量堆放成低而宽的土堆，在受场地空间限制的条件下，堆放高度可达 5 ~ 6 m，边坡坡度宜缓于 1∶1.5。表土剥离后应简单种植草本植物，如撒播草籽。

(2)排水与防护工程措施

弃土应先挡后弃,弃渣堆积过程中采取分层碾压,压实度应大于90%。弃渣场应建设拦挡和排水设施,弃渣场近坡脚处应设沉淀池。

(3)土地整治工程措施

弃土后应进行土地平整和表土覆盖。

①土地平整。弃渣场弃渣完成后可能出现凹坑、凸起现象,且出露物多为砾石、碎石、岩块石等。应对大块石、岩块石进行拣拾,进行土地平整,以满足土地复垦的初步立地条件。平整后的弃渣场坡度应达到复垦方式(方向)的要求。

②表土覆盖。弃渣场场地平整完成后,应覆盖表土。覆土厚度应满足复垦方式(方向)对覆土厚度的要求。

③生物措施。若弃渣场复垦方式(方向)为恢复植被,则土地整治后应及时采取植被恢复措施。若弃渣场边坡采取种灌草混植方式,则平台和顶面应采取乔、灌和草混植方式,应尽量选择乡土植物和抗逆性能好的植物品种。

(二)弃渣场复垦为建设用地

弃渣场复垦为建设用地时,复垦方式(方向)包括服务区、停车区和拆迁安置场地等,在做好防护排水措施的同时,还需注意以下问题:

(1)场地需分层压实,经测试,场地满足稳定性要求后,方可用于建筑。

(2)经试验及计算确定的场地地基承载力、变形指标和稳定性指标满足设计要求时,可用作建筑的持力层;不能满足要求时,应依据岩土性能、场地条件等提出地基处理方法,采用分层压实或其他方法处理。

(3)边坡坡度的允许值应根据当地经验参照同类土(岩)体的稳定坡度值确定。

第三章　洞口工程施工安全技术与风险控制

第一节　风险控制总体策略

一、隧道洞口工程的特点

隧道洞口工程是指隧道工程出入口部分的建筑物，包括洞门，洞口通风和排水设施，边、仰坡支挡结构和引道等。

隧道洞门的作用是：保持洞口仰坡和路堑边坡的稳定；汇集和排除地面水流；便于进行建筑艺术处理。

常见洞门的主要形式有：环框式、端墙式、翼墙式等。环框式洞门：将衬砌略伸出洞外，增大其厚度，形成洞口环框，适用于洞口石质坚硬、地形陡峻而无排水要求的场合。端墙式洞门：适用于地形开阔、地层基本稳定的洞口；其作用在于支护洞口仰坡，并将仰坡水流汇集排出。翼墙式洞门：在端墙的侧面加设翼墙而成，用以支撑端墙和保护路堑边坡的稳定，适用于地质条件较差的洞口；翼墙顶面和仰坡的延长面一致，其上设置水沟，将仰坡和洞顶汇集的地表水排入路堑边沟内。此外，当地形较陡、地质条件较差，且设置翼墙式洞门又受地形条件限制时，可在端墙中设置柱墩，以增加端墙的稳定性，这种洞门称为柱式洞门。它比较美观，适用于城郊、风景区或长大隧道的洞口。在傍山地区，为了降低仰坡的开挖高度，减少土石方开挖量，可将端墙顶部作成与地表坡度相适应的台阶状，称为台阶式洞门。

在软土地区，为保证行车安全，减少土方工程量，须在引道段建造适当形式的支挡结构，用以挡土、隔水和防洪。其形式有：(1)重力式、半重力式挡墙，适用于堑壕深度不大的引道，多用浆砌块石建造；(2)钢筋混凝土L形或倒T形挡墙，与路面一起构成分离式引道，结构强度高，轻型美观，适宜在城市中应用；(3)加筋土挡墙，主要由墙面板、拉筋及填料三部分组成，拉筋外端与墙面板连接，其余部分埋在填料中，起承受拉力的作用；(4)板桩拉锚挡墙；(5)地下连续墙型支挡结构，适用于深度较大的引道；(6)槽形支挡结构，是由两侧挡墙和底板连成一个整体的U形钢筋混凝土结构，适用于深度和宽度较大的引道。

砌筑洞门的材料主要为浆砌块石、混凝土及钢筋混凝土。端墙与洞口环衬砌应连接良好，端墙和翼墙后的空隙应及时回填紧密。

二、隧道洞口工程施工安全风险控制总体策略

隧道进洞前必须完成洞口工程。在隧道洞口施工中，主要防控洞口边仰坡坍塌事故、高处坠落伤害、爆炸伤害和机械伤害，其风险控制的总体策略为：

(1)隧道洞口段由于岩石、土体破碎，边坡稳定性差，因此洞口段施工是整个隧道工程施工的关键。针对隧道洞口的特点，应做到超前思维，制定出切实可行的安全进洞施工方案，使其既能减少隧道洞口边坡开挖和防护工程量，又能保证施工的安全，使安全风险得到控制，同

时维护洞口的原生植被。

(2)在隧道洞口施工前,应核对施工图与现场实际地质、毗邻建(构)筑物情况,当设计与实际情况不符时,施工单位必须及时上报,并按变更设计处理。

(3)洞口附近的地表水易诱使本就不太稳定的岩石、土体发生崩塌、滑坡,造成严重的地质灾害,对施工人员的生命造成巨大威协。因此,洞口应做好截、排水措施,同时洞口截、排水系统应与路基排水系统顺接,不得冲刷路基坡面、桥台锥体和农田房舍。另外,洞口施工过程还应按规定进行监控量测工作。

(4)洞口附近不恰当的人工切坡,例如施工道路引入和施工场地平整等,可能造成边坡失稳,因此应尽量减少对原地貌的破坏和对洞口岩体稳定的影响。

(5)遇边、仰坡坍塌,地表下沉,地基承载力不足,工作面崩塌,偏压,滑坡等情况,严防未及时处理或加强防护。

(6)杜绝土石方开挖违反作业顺序要求、爆破方式方法不当、防护措施不足、违规处理火工产品等不安全行为。

(7)杜绝施工机具失稳及安全性能缺失或下降、高处作业台(支)架失稳、安全防护失效等不安全状态。

(8)洞口石质边、仰坡的开挖须采用预留光爆层法或预裂爆破法,杜绝在洞口段采用深眼大爆破或集中药包爆破开挖的不安全方案。

第二节 洞口截、排水施工安全技术与风险控制

一、风险分析

(1)如果洞口截、排水系统设置不合理,可能造成隧道的边、仰坡坍塌,甚至引发附近的山体滑坡灾害;也可能冲刷附近的施工便道,导致物资运输、弃渣运输时因道路质量不良而造成事故(如翻车或人员跌落等)。

(2)在桥隧相连地段,如果洞口排水系统冲刷桥台,可能导致桥台基础不稳,影响桥梁结构安全。

(3)如果排水系统冲刷附近房舍农田,可能导致与附近居民的矛盾与冲突,引起不必要的财产损失或冲突事件。

(4)在进行截、排水系统施工时,若作业人员穿戴不当,可能被动物咬伤或被植物拉伤。

二、风险控制重点

(1)洞口截、排水系统应与附近工程的截、排水系统相结合,以免造成地质灾害隐患。

(2)根据排水量确定截、排水沟的断面,避免截、排水能力因不能满足要求而造成边、仰坡冲刷坍塌。

三、风险控制技术措施

(1)洞口开挖及支护前,应先清理洞口上方及侧方可能滑坍的表土、灌木及山坡危石等,疏通流水沟渠,排除积水。

(2)洞口边、仰坡上方的天沟应及时施作。对土质天沟应随挖随砌,不得使水流冲刷坡面。

(3)水沟采用砌体时,砌体应采用挤浆法分层、分段砌筑。分段位置宜设在沉降缝或伸缩缝处,砌体每隔1.2 m左右找平一次,各段水平砌缝应大致水平。片石要摆码稳固,分层错缝,片石要坐浆挤紧,不得有空洞或缺少砂浆,砂浆饱满,线条顺直,勾缝平顺。沟壁平整、稳定,沟底平整、排水通畅,无冲刷和阻水现象。施工期间需注意安全,加工石料时要戴防护眼罩,并控制石屑飞出的方向,避免伤人。砌石时要轻拿轻放,防止挤手碰脚,严禁下摔。工作面上待用石块必须放稳,防止滑动伤人。

(4)洞口土石方开挖必须按设计要求进行边、仰坡放线,自上而下分层开挖,分层支护。严禁掏底开挖或上下重叠开挖。

(5)洞门端墙处土石方开挖应结合地层稳定程度、施工季节和隧道施工方法进行。

(6)洞口开挖的土石方应避免因弃渣堵塞造成排水不畅、过大土压力引起山坡坍塌和对桥梁墩台的偏压,以及对其他建筑物的危害,并不应影响交通运输安全。

第三节　边、仰坡开挖和防护安全技术与风险控制

一、风险分析

(1)因边、仰坡处理不当,如坡度过大导致滑坡、高处落石等危险,造成施工人员被埋压、被砸伤(亡)事故。

(2)边、仰坡基础如果不够稳固,造成边、仰坡地基承载力不足,导致边、仰坡塌方,造成人员和机械被埋压,也可能因落石对人员造成物体打击伤害,或损毁机械设备。

(3)在进行边、仰坡防护处理时,如果土质比较疏松,雨天冲刷导致雨水向洞内回灌,洞内积水造成施工机械故障。

(4)如果未控制好地表水,致使地表水对边、仰坡的冲刷造成边坡失稳,导致边、仰坡滑坡,导致施工人员和机械设备被埋压事故。

(5)洞口边、仰坡开挖时,若从下部掏挖造成上部土石方因为失去下部的支撑而发生滑坡,导致下面施工人员和机械被埋压事故。

(6)在进行边、仰坡开挖时,如果作业面下方站人或上下工作面同时施工,易发生坠物伤人事故。

二、风险控制重点

(1)洞口开挖时应及时施作边坡和仰坡上方的天沟,对于土质天沟应随挖随砌,避免边坡被冲刷。

(2)应结合边、仰坡底层稳定情况确定边、仰坡开挖方法和进度。

三、风险控制技术措施

(1)边、仰坡施工应避开雨季。

(2)洞口开挖时应及时施作边坡和仰坡上方的天沟,对于土质天沟应随挖随砌,避免边坡

被冲刷。

(3)确定合理的开挖作业顺序。

(4)进行边、仰坡施工时,应加固边坡基础。

(5)进行边、仰坡施工时,严格按照设计的角度进行施工。

第四节 洞口基础施工安全技术与风险控制

一、风险分析

(1)采用抗滑桩加固洞口地段地层,抗滑桩施工时,若采用人工开挖孔作业,如果设置人员升降设备,未定期检查升降设备的功能,可能造成人员升降时机械故障,导致升降机上的人员坠落或砸伤井内施工人员。

(2)开挖孔内如果通风设备不足,导致人工开挖孔的作业面氧气不足、有害气体超过一定标准而发生工人缺氧或毒气中毒事故。

(3)开挖孔周围若没有安装护栏,上面的施工人员和机械因为疏忽坠入开挖孔内,造成坠落事故和砸伤事故;并且容易发生其他物品掉进开挖孔内,对孔内的施工人员造成物体打击伤害。

(4)若采用机械开挖时,如果没有加固和稳定重型机械,施工时重型机械容易倒塌而造成机械故障和人员伤亡。

二、风险控制重点

(1)确保洞口基础稳固,避免洞口基础承载力不足。

(2)洞口施工机械应定期检查,及时排除安全隐患。

三、风险控制技术措施

(1)地表锚杆作业时应采取措施防止卡钻,注浆人员要佩戴安全防护用具。

(2)抗滑桩施工采用打桩机作业时,应采取措施加固和稳定重型机械。

(3)采用人工挖孔作业时,应设置人员上下升降设备、通风设备并采取防护措施,防止坠物伤人。

(4)定期检查升降装置的安全性能,排除安全隐患。

第五节 洞口开挖施工安全技术与风险控制

一、风险分析

(1)洞口开挖作业区如果未设置防护栏或防护栏失效,开挖作业人员工作时容易发生高空坠落事故。

(2)开挖时如果上下工作面同时作业,上工作面的落石掉落容易对下工作面的作业人员造成物体打击事故;或者当下工作面施工进度超过上工作面时,容易造成上工作面塌落,砸伤或掩埋下工作面的工作人员。

(3)当使用挖掘机等机械开挖时,如果未划定安全距离或者划定的安全距离不足,可能发生机械伤人事故,或者与其他施工机械发生碰撞。

(4)挖掘机工作时,如果基础的坡度过大,容易发生挖掘机侧翻事故,造成机械损伤和人员伤亡事故。

二、风险控制重点

(1)施工机械作业时,根据作业需求划定作业安全范围并设置警示标志。

(2)严禁施工机械在坡度过大或者承载力不足的基础上工作。

三、风险控制技术措施

(1)洞口开挖区设置安全栏,避免发生高处坠落事故。

(2)严禁违反作业顺序进行作业。

(3)禁止施工机械在坡度过大的基础上进行作业。

(4)机械施工时应确保有足够的安全距离。

第六节　明洞施工安全技术与风险控制

一、风险分析

(1)明洞开挖前,如果没有做好洞顶和四周的防、排水措施,发生地表水冲刷边、仰坡导致落石甚至塌方,造成施工人员和机械被埋压和砸伤事故。

(2)明洞施工时,如果遇到雨天,容易发生雨水冲刷山体造成山体塌方和基础积水,给施工带来安全隐患。

(3)采用爆破法施工时,如果炸药用量过多造成爆破量过大,影响周围岩体的稳定性,导致隧道洞口塌方掩埋工作人员和机械,或者扰动周围岩体,在后续的施工中发生石块掉落伤人事故;岩体受到扰动后稳定性降低,受到暴雨冲刷后可能导致滑坡事故,对人员造成伤害。

(4)开挖后如果未及时进行边、仰坡防护,在施工过程中边坡因为受到扰动而发生塌方、滑坡,对施工人员的生命和安全造成威胁。

(5)开挖后的弃土如果堆放在边坡上,使边坡因为承受外加的下滑力而发生滑坡,导致施工人员和施工机械被埋压。

(6)开挖后的弃土因随意堆放而破坏洞口的排水系统,造成排水系统不能发挥预期目的,导致基础被淹没,造成工作台等基础发生破坏而倒塌,发生人员坠落或摔伤,大型机械基础不稳而发生侧翻事故等。

(7)明洞回填土如果过早,衬砌强度未达到要求,回填时导致衬砌被压垮,造成人员被埋或坠落。

(8)支护结构的基础如果不够稳定,回填土时,支护结构容易出现裂纹甚至断裂等破坏,导致明洞倒塌,造成洞内施工人员被埋。

(9)支护结构上预留的钢筋如果过长,容易造成施工人员作业时不小心被扎伤。

(10)明洞防水施工当需要涂抹热沥青的时候,涂抹上去的热沥青容易滴落,若施工人员没有佩戴手套和口罩，容易发生意外烫伤和有毒气体中毒事故。

(11)当需要在高处的施工平台上作业时，如果施工人员没有系安全带，因为脚下踩空或者其他意外情况，人员从施工平台上坠落而发生危险。

(12)明洞开挖时如果未按设计要求自上而下施工，从下面掏挖容易导致山体坍塌，掩埋施工人员和机械。

二、风险控制重点

(1)明洞施工尽可能避开雨天，必须在雨天施工时，应制定严密的施工方案和防护措施。

(2)明洞开挖前，先做好洞顶和四周的防、排水工作。

(3)确定合理的施工方法和施工工序。

(4)正确处理开挖后的土石方，不乱堆放，不对边、仰坡和排水造成影响。

(5)明洞基础应设置在稳固的地基上。

(6)起重、吊装工作应符合相应的作业要求。

(7)做好明洞的防水工作，且衬砌强度达到设计强度的70%后方可进行回填。

三、风险控制技术措施

(1)根据地形、地质条件，边、仰坡稳定程度和采用的施工方法，确定全段或分段开挖及边、仰坡的坡度，开挖时应按自上而下的顺序进行。

(2)明洞开挖前，应做好洞顶及四周的防水、排水，防止地面水冲刷导致边、仰坡落石和塌方。

(3)开挖的土石不应堆弃在危害边坡及其他建筑物的地点。

(4)明洞的基础应设置在稳固的地基上。

(5)明洞衬砌施工前，模板及支(拱)架的强度、刚度和稳定性必须进行检算。

(6)模板及支架的安装必须稳固牢靠，模板及支架与脚手架之间不得相互连接。

(7)衬砌钢筋安装时应设临时支撑。

(8)衬砌端头挡板应安设牢固，支撑稳固，并有防止模板移动的措施。

(9)明洞回填应在防水层施作完成且衬砌强度达到设计强度的70%后进行。

第七节　洞门施工安全技术与风险控制

一、风险分析

(1)洞门施工前如果未加固洞门基础，洞门在施工时或施工后极有可能因为地基承载力不足而发生变形裂缝，危及施工的运输安全和工程质量。

(2)需要在工作平台上堆放砖石时，如果堆放不合理(如集中堆放在一处)，施工平台极有可能因为集中受压而倒塌，发生伤人事故。

(3)洞门进行圬工施工时，如果没有划定安全通道，施工人员进出洞口时没有安全通道通行，极有可能发生高空坠物伤人事故。

(4)洞门施工结束后，若没有处理周围被破坏的边、仰坡或者处理不及时，边、仰坡可能因受到破坏而发生落石伤人事故，或者因为受到破坏而导致防排水功能受到影响，破坏边、仰坡的稳定性，留下安全隐患。

二、风险控制重点

（1）洞门基础地基需要达到一定的承载力要求，必要时需要对地基进行加固。

（2）洞门施工的脚手架不应妨碍车辆通行。

（3）洞门施工后及时对其周边受到破坏的边、仰坡进行处理。

三、风险控制技术措施

（1）洞门应避开雨天和严寒季节施工，并应及早完成。

（2）洞门基础必须置于稳固的地基上，当地基承载力不能满足要求时，必须结合具体条件采取加固措施。

（3）洞门施工的脚手架不应妨碍车辆通行。

（4）洞门完工后，其周围边、仰坡受破坏处应及时处理。

第八节　洞口施工机械风险控制

一、风险分析

（1）洞口施工时要防止施工机械侵入邻近工程的限界，如起吊装备在起吊过程中侵入邻近线路的限界，可能会影响邻近线路的运营安全，造成邻近线路的机械设备损坏，或者造成起吊装置倾覆，导致施工人员被砸伤和起吊装置损坏。

（2）在进行起吊作业时，如果未划定安全距离或者安全距离不够，如果在作业范围内有施工人员时，起吊装置故障时极有可能对人员造成高空坠物砸伤事故。

（3）起吊作业前如果未平整压实基础，吊机在起吊时因为地基不均匀沉降或地基不平整造成吊机倒塌事故，对作业人员的生命和安全造成威胁。

（4）当多台起吊设备同时工作时，如果没有安排专人负责指挥，多台设备之间因为缺少统一的指挥而发生碰撞，造成设备损坏、材料损失和人员伤亡事故。

二、风险控制重点

（1）洞口施工机械要划定作业范围，避免侵入邻近工程限界。

（2）重型机械工作时必须处于稳固的基础上。

（3）多台机械施工时应有专人负责现场指挥。

（4）施工时应保证有足够的施工安全范围，严禁施工机械侵入其他限界。

三、风险控制技术措施

（1）机械施工时应与附近其他工程保持足够的距离。

（2）机械工作时必须在稳固、平坦的基础上。

（3）机械施工时避免无关人员进入施工现场。

(4)定期检查施工机械的安全性能。

第九节　脚手架使用风险控制

一、风险分析

(1)洞口施工需要用到脚手架时,如果脚手架基础的承载力不足(包括脚手架的地基承载力不足)而发生地基不均匀沉降,使脚手架重心偏离发生倒塌,造成施工人员从高处坠落,且脚手架多是管状铁制品,倒塌时容易刺穿人员,后果十分严重。

(2)如果脚手架上脚踏板没有铺满,工作人员在上面行走时容易因为脚踏板缺失而踩空坠落。

(3)脚手架安装时,如果没有安装护栏,施工人员在脚手架上行走时因为没有护栏的保护而跌落造成人员伤亡。

(4)洞门施工时,脚手架的设置如果侵入运输限界而妨碍车辆通行,车辆运输时极有可能撞到脚手架而导致脚手架倒塌,导致在脚手架上施工的人员坠落,甚至被脚手架钢管刺穿。

二、风险控制重点

(1)严格按照脚手架的使用安装说明书使用脚手架。

(2)脚手架基础必须稳固。

(3)经常检查脚手架的杆件、连接零件,及时去除不合格零部件。

(4)脚手架的安装位置不得影响车辆和机械的通行。

三、风险控制技术措施

(1)脚手架安装前应确保基础平坦且稳固。

(2)脚手架的安装必须严格按照使用安装说明书进行,禁止违规安装。

(3)脚手架安装、使用过程中应定期检查脚手架杆件是否完整、牢固。

(4)脚手架安装位置不得影响施工机械和车辆的通行。

第四章　洞身开挖安全技术与风险控制

第一节　开挖作业安全技术与风险控制

一、风险分析

在隧道洞身开挖过程中，最常见的事故就是隧道坍塌冒顶（即掌子面坍塌和拱顶塌方）、爆炸事故、高处坠落事故、机械伤害等。下面对洞身开挖过程中的风险做具体分析：

(1)如果开挖方法选择不当（例如围岩破碎时采用全断面法开挖）、开挖循环进尺过大、支护不及时，可能发生隧道坍塌冒顶事故。

(2)如果爆破后找顶不彻底，落石可能砸伤施工人员。

(3)如果施工人员忽视掌子面、拱顶、侧墙等处的异常情况（如塌方征兆、突水征兆、岩爆征兆等），一旦发生事故，可能无法及时逃生。

(4)作业台架若不经过强度和稳定性检算，可能因强度不足而垮塌或失稳倒塌，甚至造成施工人员高处坠落或被埋压等更严重的伤害事故。

(5)如果开挖作业台架防护措施缺失，可能造成施工人员高处坠落伤害。

(6)爆破作业时，若安全防护缺失、爆破作业违章操作，可能造成爆炸事故。

(7)大型机械作业时，若无专人指挥，可能造成施工人员机械伤害。

(8)若用电设备及电线路绝缘不良或违章用电，可能造成触电伤害。

(9)采用台阶法开挖，在台阶下部开挖后，若不及时喷射混凝土进行封闭；设有拱架时，如果钢架安装和混凝土喷射不及时、拱脚长时间悬空，可能发生隧道坍塌冒顶事故。

(10)采用分部法开挖时，若未尽早封闭成环，或各部钢架基脚处未施作锁脚锚管（杆）或未采用扩大拱脚等措施，都可能造成隧道发生坍塌冒顶事故。

(11)采用双侧壁导坑法开挖隧道时，若侧壁导坑宽度过大，则可能发生坍塌冒顶事故。

二、风险控制重点

(一)严格遵守基本原则，防止发生坍塌冒顶事故

根据隧道采用新奥法施工的经验，隧道施工采取的基本原则可概括为“少扰动、早喷锚、勤量测、紧封闭”十二个字。只要严格遵循了这十二字原则，在确保隧道施工质量的同时，也能大大减小隧道发生坍塌冒顶事故的概率。

“少扰动”是指进行隧道开挖时，尽量减少对围岩的扰动次数、扰动强度、扰动持续时间和扰动范围，以使开挖出的坑道符合成型的要求。因此，能采用机械开挖的就不用钻爆法开挖。采用钻爆法开挖时，必须先作钻爆设计，严格控制爆破，尽量采用大断面开挖。选择合理的循环掘进进尺，自稳性差的围岩循环进尺宜用短进尺，支护应紧跟开挖面，以缩短围岩应力松弛时间及开挖面的裸露风化时间等。

“早喷锚”是指对开挖暴露面应及时地进行地质描述和及时施作初期锚喷支护。经初期支护加固,使围岩变形得到有效控制,不致因变形过度而坍塌失稳,以达到围岩变形适度而充分发挥围岩的自承能力。必要时应采取超前预支护辅助措施。

“勤量测”是指在隧道施工全过程中,应对围岩周边位移进行现场监控量测,并及时反馈修正设计参数,以指导施工或改变施工方法。通过施工中的量测数据以及对开挖面的地质观察,预测和评价围岩与支护的稳定状态,或判断其动态发展趋势,以便根据建立的量测管理基准及时调整隧道的施工方法(包括开挖方法、支护型式、特殊的辅助施工方法)、断面开挖的步骤及顺序、初期支护设计参数等,以确保施工安全、坑道稳定,确保支护衬砌结构的质量和工程造价的合理性。

“紧封闭”是指对易风化的自稳性较差的软弱围岩地段,应使开挖断面及早施作封闭式支护(如喷射混凝土、锚喷混凝土等),可以避免围岩因暴露时间过长而产生风化(降低强度及稳定性),并可以使支护与围岩进入良好的共同工作状态。

(二)安全管理精细化,防止发生各类人身伤害

(1)从布孔、钻孔、装药、起爆、爆后处理等各环节,严防违章爆破作业,以免发生爆炸事故。

(2)对于作业台车、作业台架等,要严防未经强度和稳定性检算、杜绝无防止高处坠落措施、杜绝防坠措施不全或失效,杜绝作业人员不系安全带等行为,以免发生作业台架(车)倾覆、垮塌及作业人员高处坠落伤害。

(3)大型机械作业时,严防违章操作,严防人机混合作业时无专人指挥,严防机械施工现场照明不良,以免发生机械伤害。

(4)杜绝违章用电,严防用电设备及电线路绝缘不良,严防隧道内架空电线落地,以免发生触电伤害。

三、风险控制技术措施

(一)基本措施

(1)隧道开挖前,施工单位应编制开挖专项技术方案,方案应包括开挖方法、工艺流程、应急预案、安全技术措施等内容。

(2)对进洞施工人员进行安全教育培训(尤其是各类施工灾害征兆的识别技能训练),考试不合格者禁止进洞作业。

(3)隧道开挖过程中,应根据其地质条件、断面大小、施工装备、工期等条件的变化,在施工过程中对开挖方法作适宜的调整。

(4)钻爆开挖应采用光面爆破或预裂爆破技术,控制循环进尺,减少对围岩的扰动,并不应对初期支护、衬砌结构和施工设备造成损伤。

(5)两座平行的隧道开挖时,其两个同向开挖工作面应保持合理的纵向距离;间距小的隧道必须采取措施防止后行洞开挖对先行洞产生不良影响。

(6)隧道双向开挖接近贯通面时,两端施工应加强联系与统一指挥。当隧道两个开挖工作面距离接近 15 m 时,必须采取一端掘进另一端停止作业并撤走人员和机具的措施,同时在安全距离处设置禁止入内的警示标志。

(7)隧道采用钻爆法开挖必须进行钻爆设计,钻爆设计应考虑爆破振动和噪声对周围环

境的影响，应采取减小振动和降低噪声的技术措施。

(8)隧道采用机械开挖时，应根据其断面和作业环境合理选择机型，划定安全作业区域，并设置警示标志，非作业人员不得入内。

(9)隧道采用人工开挖时，作业人员应保持必要的安全操作距离，并设专人指挥。

(10)隧道开挖使用的作业台架应进行强度、刚度和稳定性检算，经验收合格后方可使用，台架四周必须设置安全防护栏杆。

(11)隧道找顶必须在通风后进行，并有专人指挥，照明应有充足的光照度；找顶后必须进行安全确认，合格后其他作业人员方可进入开挖工作面作业。

(12)隧道在开挖下一循环作业前，必须对照设计检查初期支护施作情况，确保施工作业环境安全。

(13)隧道开挖爆破后，应先采用机械进行找顶，然后用人工找顶。人工找顶时，专门监护人员和找顶人员必须经过应急训练并考试合格。

(二)全断面法开挖

(1)采用全断面法开挖隧道时，为遵循“少扰动”的原则，应控制一次同时起爆的炸药量，以减少爆破振动对围岩的影响。

(2)在地质条件较差地段，若仍采用全断面法开挖隧道，此时必须对围岩进行超前支护或预加固，并控制循环进尺。

(3)当隧道水文地质条件发生变化时，必须根据情况及时变换适宜的开挖方法。

(三)台阶法开挖

(1)采用台阶法开挖隧道时，应根据围岩条件合理确定台阶长度和高度。围岩稳定性较差时，台阶长度应控制在一倍洞径以内。

(2)当围岩地质较差、开挖工作面不稳定时，应采用短进尺或上下台阶错开开挖或预留核心土措施，必要时采用喷射混凝土或玻璃纤维锚杆对开挖工作面进行加固。

(3)台阶上部开挖循环进尺应根据围岩地质条件和初期支护钢架间距合理确定，并不得超过 1.5 m。

(4)当围岩地质较差、变形较大时，上部断面开挖后应立即施作锁脚锚管(杆)、扩大拱脚、临时仰拱等措施，控制围岩及初期支护变形量。

(5)台阶下部断面一次开挖长度应与上部断面相同，不得超过 1.5 m。

(6)台阶下部开挖后，必须及时喷射混凝土进行封闭；当设有钢架时，必须及时安装下部钢架并喷射混凝土，严禁拱脚长时间悬空。

(7)仰拱开挖应控制一次开挖长度，开挖后应立即施作初期支护，封闭成环。

(四)分部法开挖

(1)采用分部法开挖隧道时，应选用机械开挖、人工配合的方式，特殊情况采用弱爆破开挖时，必须严格控制炸药用量。

(2)采用分部法开挖隧道时，应根据地质条件、隧道断面等情况合理进行分部，开挖进尺应控制在 1.0 m 以内。

(3)分部开挖的各部，开挖后应及时进行初期支护及临时支护，并尽早封闭成环。

(4)采用分部法开挖，各部钢架基脚处应施作锁脚锚管(杆)或采用扩大拱脚等措施，减少拱脚下沉量。

(5)采用中隔壁法、交叉中隔壁法开挖隧道时,同层左、右两侧沿纵向应错开一定距离,错开距离应控制在10~15 m范围内,同侧上、下层开挖工作面相距应保持3~5 m。

(6)采用双侧壁导坑法开挖隧道时,应符合下列规定:

①侧壁导坑形状应近似椭圆形,导坑宽度不应大于0.3倍的隧道宽度。

②侧壁导坑、中槽部位开挖应采用短台阶,台阶长度3~5 m,必要时应预留核心土。

③侧壁导坑开挖应超前中槽部位10~15 m。

(7)采用分部法开挖的临时支护应根据监控量测结果逐段拆除,每段拆除长度不得大于15 m。

第二节　钻爆作业安全技术与风险控制

一、风险分析

(一)爆破人员管理

参与爆破环节的各工作人员包括火工产品运输司机、爆破作业人员等,如果未通过技能培训或者专业技能不熟练就上岗,极有可能因为缺乏专业知识或者不正确的操作导致发生运输事故或爆炸事故。

(二)爆破器材储存

(1)爆破材料储存的库房如果通风不良、潮湿或者禁火不严,炸药可能因为受潮影响爆破效果,或者因为烟火影响发生爆炸事故,导致人员伤亡。

(2)爆破材料出入库无记录,造成管理混乱,造成爆破器材去向不明,给当地带来安全隐患或者给施工埋下隐患,造成爆炸伤人事故。

(三)爆破器材运输

(1)爆破材料运输时如果使用非专业车辆运输或者个人携带,可能在运输途中因为受到环境的影响发生爆炸而造成人员伤亡事故。

(2)运输过程中如果将炸药和爆破雷管或其他导爆器材混装一车,很可能发生爆炸事故,造成车毁人亡事故甚至造成其他车辆或人员被炸伤亡事故。

(3)爆破材料进洞前如果没有仔细清点记录且爆破后不清点记录,爆破材料很容易遗留在洞内,给施工留下极大的安全隐患。若爆破材料遗失在洞内,在施工过程中易发生爆炸,导致人员伤亡和机械损伤甚至隧道坍塌事故;或者在下次爆破施工过程中导致遗失的炸药爆炸,导致爆破精度受到影响,造成隧道超欠挖甚至隧道坍塌,造成人员和施工机械被埋压事故。

(四)洞身开挖方式选择

(1)洞身开挖时应根据围岩情况选择合适的开挖方式,围岩强度不够时仍使用全断面开挖法,围岩因承载力不足导致围岩倒塌,造成洞内施工人员和机械被埋压事故。

(2)使用台阶法开挖时,应根据围岩情况确定台阶长度,避免因为施工方式选择错误造成施工过程中隧道坍塌,造成人员和机械被埋压事故。

(五)钻孔作业

(1)钻孔作业时应避免因照明度不足造成钻孔不符合要求,或者因为照明度不足影响钻孔作业人员的判断失误而导致钻孔机伤人事故。

(2)钻孔作业面如果通风降尘效果不达标,导致洞内粉尘浓度过高,影响洞内施工人员的健康,甚至因为粉尘浓度过高发生粉尘爆炸事故,导致施工机械损坏和人员伤亡甚至隧洞坍塌事故。

(3)钻孔时如果在残孔中继续钻孔,可能造成钻孔不符合要求,在装药爆破后导致爆破效果不佳而埋下安全隐患。

(4)在钻孔过程中注意观察工作面有没有发生异常漏水,若发现异常漏水未及时采取措施而是继续钻孔,极有可能因为钻孔工作导致隧道发生涌水事故,造成施工人员淹溺和施工机械被冲,甚至导致洞室坍塌。因为地下含水层的水压力一般都比较大,而且含水量也比较多,喷涌而出的地下水对隧道施工的危害是极其严重的,甚至是毁灭性的。

(5)在钻孔过程中还要观察工作面有没有气体喷出,若有气体喷出,如果没有及时撤离人员而是继续钻孔,极有可能导致施工人员毒气中毒事故,甚至瓦斯浓度达到一定程度时发生爆炸,造成人员伤亡和机械损坏甚至隧洞坍塌。发现有气体喷出时应加大洞内通风排气,并及时上报有关部门采取有效措施,避免事故的发生或将事故损失降到最低。

(6)在钻孔过程中应及时观察围岩的变化情况,若围岩变形超过允许范围或围岩变形速度加快,施工人员没能及时停止施工并及时撤离,可能因为围岩变形过大发生隧道倒塌事故,造成人员和机械被埋压事故。

(7)钻孔应符合设计要求,不得过深或过浅。过深可能导致一次爆破量过大,造成隧道坍塌、人员被埋压等事故;过浅可能导致爆破达不到预期的爆破量,后续施工时松动的围岩掉落砸伤施工人员。

(8)人工凿眼时,如果使用未经检查的风钻钻眼,极有可能因风钻机身、螺栓、卡套、支架等残缺造成机械伤人事故。

(9)湿式凿岩机的供水或干式凿岩机的捕尘装置不符合要求时,可能因为供水故障在凿岩时产生过多的粉尘,影响人体健康;或捕尘装置不良导致粉尘浓度过大,影响人体健康。

(10)带支架的风钻如果在未安置稳妥时就使用,可能因振动导致钻机倒塌,砸伤施工人员和损坏钻机。

(11)风钻卡钻时如果敲打风钻,可能因为敲打造成风钻损坏。未关风前如果拆除钻杆,可能在拆除钻杆时突然转动,造成机械伤人事故。

(12)电钻钻眼前如果没有仔细检查把手胶套是否完整,极有可能因为把手胶套不完整造成漏电而发生电击事故。使用电钻时,电钻工未戴绝缘手套或者没有穿绝缘胶鞋,电钻漏电极有可能造成电击事故。

(13)未经检查的凿岩台车如果直接工作,凿岩台车可能处于不正常状态,工作时极有可能导致机械伤人事故。

(14)如果操作司机在未查看凿岩台车四周情况的前提下直接行走,凿岩台车可能在行走的过程中碰伤甚至碾压凿岩台车周边的施工人员,造成人员伤亡事故或碰撞障碍物而导致机械损坏事故。

(15)如果操作司机在无指挥人员指挥的情况下操作凿岩台车,可能因判断失误或操作失误造成机械伤人事故,或者对洞内设施造成破坏。

(16)凿岩台车如果行车过快,可能因紧急操作发生事故,造成凿岩台车倾覆事故。

(17)如果未加固凿岩台车就进行凿岩作业,凿岩台车可能因为受到岩壁对凿岩台车的反作用力而造成凿岩台车倾覆事故。

(18)凿岩台车工作时如果在工作面下站人,凿岩台车凿出的碎石掉落可能造成高处坠物伤人事故。

(六)装药作业

(1)在未经检查过的工作面上进行装药作业,可能因为工作面不符合作业要求而导致炸药失效或者爆炸造成人员伤亡和机械损坏事故。

(2)装药前没有计算好炸药量,如果装药过多可能发生超挖,导致多装运洞渣,给运输带来压力,给后续工作(如支护、防排水、二衬等)增加困难。超挖的部位,衬砌完成后可能会出现或大或小的空洞、缝隙,围岩的稳定性也会因此降低,地下水有了渗漏的通道和存储空间,从而构成了隧道的安全隐患。在施工或使用过程中可能发生隧道渗水甚至倒塌事故,造成人员伤亡事故。

(3)超挖可能会造成开挖轮廓不圆顺,表面凹凸不平,造成局部应力集中、受力不均,导致隧道支护受损而发生围岩掉落砸伤工作人员,甚至发生隧道坍塌、人员被埋压事故。

(4)如果在同一工作面同时进行装药与钻孔作业,受钻孔作业影响可能导致炸药爆炸,造成人员伤亡和机械损坏,甚至导致洞室坍塌、施工人员被埋压等重大事故。

(5)装药时如果现场人员管理不严格,无关人员可能进入现场,无关人员会对装药人员造成干扰,导致装药效果受到影响,或者意外发生时对无关人员造成人身伤害。

(6)装药时如果使用铁质或其他金属材质代替木质炮棍,在装药过程中可能发生意外,导致人员受伤和机械损坏事故。

(7)作业人员如果穿化纤衣物,可能因为化纤衣物产生过多静电引起炸药发生爆炸,导致人员伤亡和机械损坏事故,甚至导致洞室坍塌、人员和机械被埋压等重大事故。

(8)使用电雷管时,如果在工作面上架设电灯和电线路,可能造成开挖面上携带杂散电流,在装药时杂散电流可能导致炸药爆炸而造成人员伤亡,甚至发生隧道坍塌、人员被埋压事故。

(9)装药完成后,如果没有及时清理现场、多余的爆破用品未及时送至库房、剩余的爆破用品遗留在爆破现场,可能在起爆时导致爆炸,从而影响爆破效果,导致隧道超欠挖甚至隧道坍塌造成人员被埋压等事故。

(七)实施爆破

(1)爆破前如果没有对隧道前方的地质情况进行超前预报,可能因为对爆破后的隧道地质情况缺乏正确地了解,爆破后发生涌水、塌方等事故,造成机械被水冲毁或者人员被埋压等事故。

(2)起爆前如果没有检查现场,确保爆破区内无关人员和机械全部撤离到安全地带,可能因为爆破产生的飞石、气流对人体造成伤害或对机械造成损坏。

(3)爆破工如果没有随身携带手电筒,可能在点炮时发生照明中断,导致点炮工操作失误,危及生命安全。

(4)如果一个爆破工一次点炮数过多,可能因为点炮时间过长导致爆破工来不及撤离至安全距离,导致爆破工被飞石砸伤等事故。

(5)采用电雷管爆破时,如果洞内的用电设备因管理不善而发生漏电,导致雷管引爆炸药,造成人员伤亡事故。

（6）当隧道邻近有其他工程正在施工时，在爆破振动影响范围内，如果没有提前告知对方，可能因爆破振动影响造成邻近工程的施工人员受伤或死亡或对工程质量造成影响。

（7）如果一次爆破量过大，可能受前方地质情况影响而发生涌水事故，导致人员伤亡和机械损坏，或者因为一次爆破前进过多导致支护不及时，发生隧道坍塌事故，导致人员和机械被埋压。

（8）当两工作面接近贯通需要爆破时，如果本工作面实施爆破而未通知对方使其撤离至安全范围内，可能因为本工作面爆破产生的振动使另一工作面受到扰动，发生落石伤人事故；对于导坑已经打通的隧道，在爆破前如果没有做好警戒，对方工作人员可能误入本方爆破区，导致爆炸伤人事故。

（八）爆破结束后

（1）爆破结束后如果没有及时排除爆破产生的危岩，在施工时可能发生危岩掉落砸伤施工人员事故。

（2）爆破后如果通风排烟时间不足，施工人员直接进入工作面，爆破产生的有害气体浓度过高，极有可能对人体造成伤害，或者因为爆破存在一定延迟，导致施工人员进入后发生爆炸，从而导致施工人员伤亡。

（3）爆破后如果没有派爆破人员检查和排除盲炮就直接进入作业面作业，可能因为存在盲炮而发生爆炸，导致施工人员被炸伤亡和机械被炸坏等事故。

（4）爆破结束后，支护的完整性可能受到影响，若支护结构产生裂缝或变形等破坏，因没有及时加固或更换，可能造成围岩塌落伤人事故，甚至造成隧道坍塌而导致施工人员和机械被埋压等事故。

（5）找顶完成后，如果没有用方木将危险的围岩撑住，可能发生围岩掉落甚至坍塌而导致施工人员被砸伤亡或者被埋压事故。

二、风险控制重点

（1）爆破器材存放地点须远离火源，严禁烟火。

（2）爆破器材应有专车运输，且避开人多的路线。

（3）钻孔时若围岩发生异常变化应立即停止施工并及时撤离，经过上报处理确保安全后方可继续施工。

（4）采用电雷管引爆时，应加强对洞内用电设备和线路的管理，禁止工作面带有杂散电流。

（5）爆破后应及时检查围岩情况，及时对受损的围岩进行加固。

（6）钻孔时应时刻关注工作面有无异常情况发生（如异常漏水、气体喷出和围岩变化）。

（7）装药人员禁止穿化纤衣物。

（8）引爆前应清理现场，现场禁止有无关人员和机械。

（9）火花起爆时严禁明火引爆，且导火索长度要能保证点火人员能撤离至安全地点。

（10）爆破结束通风 15 min 后，点炮人员应先检查有无盲炮，发现盲炮时应按相关规定处理解决。

三、风险控制技术措施

（1）当隧道地质条件发生变化时，必须根据实际情况及时变换适宜的开挖方法。

(2)当围岩地质条件较差、变形较大时,上部断面开挖后应立即采用施作锁脚锚管(杆)、扩大拱脚、临时仰拱等措施,控制围岩及初期支护变形量。

(3)分部开挖的各部,开挖后应及时进行初期支护及临时支护,并尽早封闭成环。

(4)钻孔前,必须由专人对开挖作业面安全状况和作业人员安全防护进行检查,及时消除各种安全隐患。

(5)钻孔作业过程中,必须采用湿式钻孔;严禁在残孔中继续钻孔。

(6)钻孔作业中应注意观察开挖工作面有无异常漏水、气体喷出、围岩变化等情况。

(7)凿岩台车工作前,必须检查泵、空压机等使其处于正常状态;应检查管路与接头有无漏油、漏水和漏气现象,并确认各部操作杆、控制装置及仪表处于正常状态。

(8)凿岩台车行走前,操作司机应查看凿岩台车周围,确认前后左右无人及障碍物后,按照引导人员的指示信号操作;行走时要平稳,避免紧急操作发生意外事故。

(9)凿岩台车钻孔完成后应停放在安全场所。

(10)在围岩地质条件复杂地段,应对凿岩台车重要部位采取加固措施。

(11)装药作业前,应对钻孔情况进行逐一检查,并检查开挖工作面的安全状况。

(12)装药时应使用木质炮棍装药,严禁火种;无关人员与机具等应撤至安全地点,作业人员禁止穿戴化纤衣物。

(13)使用电雷管时,装药前电灯及电线路应撤离开挖工作面,装药时应用投光灯、矿灯照明,开挖工作面不得有杂散电流。

(14)洞内爆破作业前,施工单位必须确定指挥人员、警戒人员、起爆人员,并确保统一指挥。

(15)洞内爆破作业时,指挥人员应指挥所有人员、设备撤离至安全地点;警戒人员负责警戒工作,设置警示标志。

(16)爆破时,爆破工应随身携带带有绝缘装置的手电筒。

(17)洞内爆破后必须经充分通风排烟,15 min 后安全检查人员方可进入开挖工作面,主要检查有无盲炮、有无残余炸药及雷管、顶板及两帮有无松动的岩块、支护有无变形或开裂等。

(18)当发现盲炮、残余炸药及雷管时,必须由原爆破人员按相关规定处理。

第五章 装渣与运输安全技术与风险控制

第一节 装渣安全技术与风险控制

一、风险分析

(一)人工装渣

(1)人工装渣时,如果工人之间距离过近,在施工过程中使用铁棍等工具时可能因为距离不够导致工人之间相互碰伤。

(2)施工场地的照明如果不能满足施工要求,可能会因照明不良导致施工人员受伤。

(二)机械装渣

(1)机械装渣作业时,如果在机械回转范围内有人通过,可能会因装渣机械转动对人员造成碰撞伤害。

(2)装渣过程中若发现有松动岩石或者有塌方迹象时,如果没有及时撤离,可能会因岩石掉落砸伤装渣人员和机械,甚至发生塌方事故导致人员、机械被埋压。

(3)装渣过程中发现有残留的炸药或雷管时,如果处理不当,可能将残留的炸药、雷管装上装渣车,若在运输途中发生爆炸,可能导致车毁人亡甚至造成隧道坍塌事故。

(4)装渣车辆在装渣时如果没有停稳制动,车辆可能滑动而造成装渣人员被车辆撞伤。

(5)装渣时如果发生偏载、超载,装渣车在运输时可能发生侧翻造成人员伤亡和车辆损坏。

(6)使用扒渣机装渣,发生岩石卡堵时,如果用手直接搬动岩石,在搬动时机械可能突然转动,发生机械伤人事故。

(7)机械装渣时如果没有专人指挥,装渣机械和运输机械有可能发生碰撞挤压,造成机械损伤和人员伤亡。

二、风险控制重点

(1)装渣时严禁超载、偏载。

(2)人工装渣时严防照明不良。

(3)装渣过程严防忽略掌子面的异常情况。

(4)装渣机械工作时,严防人体各部位与传送带等危险部位接触。

三、风险控制技术措施

(1)装渣作业应规定作业区域,严禁非作业人员进入。

(2)装渣与卸渣作业应有专人指挥,作业场地的照明应满足作业人员安全操作的需要。

(3)装渣机械作业时,其回转范围内不得有人通过。

(4)装渣过程中应注意观察开挖面围岩的稳定情况,发现松动岩石或有塌方征兆时,必须先处理再装渣。

(5)装渣时发现渣堆中有残留的炸药、雷管应立即处理。

(6)向运渣车辆中装渣时,应避免偏载、超载。

(7)用扒渣机装渣时,若遇岩块卡堵,严禁用手直接搬动岩块,身体任何部位不得接触传送带。

(8)机械装渣的辅助人员应随时观察装渣和运输机械的运行情况,防止挤碰。

(9)人工装渣时应保证足够的照明度。

(10)装渣作业人员应保持足够的距离。

(11)装渣过程中应留意爆破面,发现异常情况及时停止装渣并上报处理。

第二节 运输安全技术与风险控制

一、风险分析

(一)运输管理

(1)隧道运输车辆如果管理混乱,没有严格的运输计划,极有可能因为管理不善导致车辆运行混乱,发生车辆碰撞事故,造成车辆受损、人员伤亡甚至隧道被撞毁塌方事故。

(2)隧道运输线路如果不能满足车辆运行限界,并且在装渣时如果超高或超宽,车辆在行驶途中可能碰撞隧道限界,导致车辆受损甚至撞塌隧道。

(3)如果支护结构侵入运输限界,在运输时车辆可能撞毁支护结构,导致车辆受损或支护结构失去支护作用而发生塌方事故。

(4)在运输途中,路口、转弯等地方如果缺少信号或标志,施工人员进出洞时可能误入运输限界导致人员被撞事故。

(5)施工人员进出隧道如果没有走人行道,甚至扒车、追车,装渣车辆在行驶途中极有可能碰撞和碾压施工人员。

(6)运输驾驶人员如果有无证驾驶、酒后驾驶等危险驾驶行为,极有可能导致车辆侧翻、脱轨,发生撞人甚至撞毁隧道等事故。

(二)有轨运输

(1)有轨运输时,如果长时间未检查轨道安全状态,道岔出现故障可能导致车辆在运输途中相撞,造成人员伤亡和机械损伤。

(2)钢丝绳、车辆销子连接处如果长时间没有检查,可能因为钢丝绳断裂、销子断开等原因发生溜车事故,造成人员被失控的车辆撞伤死亡和机械被撞受损。

(3)车辆行驶时如果与信号、指挥人员配合不协调,可能因为缺乏信号联络,发生装渣车辆撞伤施工人员或施工机械,导致人员伤亡和机械损坏等事故。

(4)两组列车同向行驶时,列车间距如果过小,可能因为颠簸使渣石掉落邻近车道,导致列车发生脱轨事故,或者因为颠簸使两组列车发生碰撞,导致车毁人亡。

(5)车辆如果超载,可能对车辆运输产生影响,导致车辆制动效果不佳,发生车辆撞人事故或者侧翻事故。

(6)在运输途中如果发生超速行驶,在转弯时可能发生侧翻事故,造成翻车和人员伤亡事故。

(7)装渣车辆如果搭载其他人员,因为缺乏安全设施可能导致人员掉落,发生机车伤人事故。

(三)无轨运输

(1)无轨运输时,如果没有定期检查机械情况,保证机械处于良好状况,运输时可能因为机械故障导致机械伤人甚至毁坏隧道等事故。

(2)洞内运输机械如果使用汽油,因为汽油挥发导致洞内汽油浓度过高可能对施工人员造成身体危害,甚至因为浓度过高在遇到明火时发生爆炸,导致人员伤亡或者隧道内发生火灾甚至隧道坍塌、人员和机械被埋压。

(3)在隧道内倒车或转向时,如果没有鸣笛开灯或者由专人指挥,在倒车、转向时极有可能因为视线不良导致施工人员被撞等事故。

(4)载人列车如果安全防护措施不足,在行驶途中可能因为颠簸发生人员掉落磕碰受伤事故,或者在车未停稳的情况下上、下车发生人员掉落甚至被车碾压等事故。

(5)在车辆运行终点如果没有设置防过卷装置和阻车器,因操作失误或者制动装置失灵,发生车辆撞击或脱轨事故,造成人员伤亡和车辆毁坏事故。

二、风险控制重点

(1)加强运输线路管理,定期检查和维护运输线路。

(2)运输线路应做好安全警示标志。

(3)有轨运输时定期检查轨道线路和信号。

(4)禁止使用汽油机械运输。

三、风险控制技术措施

(1)施工单位应根据施工安排编制运输计划,制定运输管理规定,加强运输调度,确保工程运输安全。

(2)隧道施工运输路线的空间必须满足最小行车限界要求,并根据不同的运输方式,在洞口、台架、设备、设施等位置设置信号和标志予以警示。

(3)运输车辆不准超载、超宽和超高,不得人货混装。车辆行驶中应随时观察线路有无障碍和洞内其他设施、设备、临时支撑等有无侵入限界情况,如有要及时清理,不能强行通过。

(4)施工机械应采用带净化装置的柴油机械,严禁汽油机械进洞。

(5)无轨运输时施工作业地段的行车速度不得大于15 km/h,成洞地段不得大于25 km/h。

(6)隧道洞口、平交道口、狭窄的施工场地应设置慢行标志,必要时设专人指挥交通。

(7)车辆行驶时,应与信号、指挥人员协调配合和加强信号联络。

第三节　卸渣安全技术与风险控制

一、风险分析

(1)卸渣场的选址应注意对附近工程排水设施的影响,如果弃渣场的选址不当,可能造成排水设施功能受到影响，导致各种事故的发生。

(2)卸渣时如果列车未停稳制动，车辆可能滑动而发生车辆侧翻、脱轨事故，造成车辆损坏和人员伤亡事故。

(3)自卸汽车卸渣时，如果边行驶边卸渣，可能发生车辆侧翻事故，造成人员伤亡事故。

(4)如果在坑洼、松软、倾斜的地面卸渣，车辆可能因为基础不稳而发生侧翻滑动伤人事故。

二、风险控制重点

(1)卸渣时车辆应停稳制动，禁止边卸渣边行驶。

(2)禁止在坑洼、松软的地面卸渣。

三、风险控制技术措施

(1)有轨运输卸渣场线路应设安全线并设置1%~3%的上坡道，卸渣码头应搭设牢固，并设有挂钩、栏杆及防溜车装置。

(2)电瓶车牵引梭式矿车或渣车卸渣时，必须用铁楔将车轮两个方向楔紧，不得采用石渣或木条代替铁楔。

(3)自卸汽车卸渣时，必须将车辆停稳制动，不得边卸渣边行驶；不得在坑洼、松软、倾斜的地面卸渣；卸渣后应及时使车箱复位，严禁举升车箱行驶。

(4)弃渣场不应设置在堵塞河流、污染环境、毁坏农田的地段，严禁将弃渣场设在对周围环境造成影响的地方。

第六章　支护加固和衬砌施工安全技术与风险控制

第一节　支护加固安全技术与风险控制

一、风险分析

(一)支护加固施工准备阶段

(1)隧道支护作业前,如果没有对支护作业面进行检查,清除作业面上松动的岩石,作业时可能发生危石掉落而使作业人员被砸伤亡事故。

(2)支护作业面如果没有充足的照明度,在进行支护作业时可能因为照明不足,导致工作人员在施工时被机械所伤。

(3)支护作业面用电如果不符合临时用电安全要求,可能发生漏电,造成人员触电事故,甚至因为触电事故导致人员从工作台上掉落造成高处坠落事故。

(4)支护作业台强度如果不符合要求,在使用时可能因强度不足而发生坍塌,造成人员从高处坠落伤亡甚至被作业台杆件刺穿事故。

(5)支护作业台架四周如果没有设置安全栏杆、安全网和上下工作梯,施工时可能发生高处坠落事故,或者发生作业台上的东西掉落砸伤下面的工作人员事故。

(二)管棚和超前小导管

(1)管棚和小导管施工前,如果没有检查施工机械是否处于正常状态,可能因为机械故障导致机械伤人甚至更严重的事故。

(2)施工过程中如果没有派人对开挖工作面进行安全观测,可能因为施工扰动而发生过大的变形甚至塌方,造成人员和机械被埋压事故。

(3)管棚作业换钻杆和超前小导管作业顶进钢管时,作业面下方如果站人,钻杆、钢管掉落可能砸伤人。

(4)管棚作业起吊钻杆和其他物件时,起吊范围内如果站人,被吊物件掉落可能砸伤地面人员,造成高处落物伤人事故。

(5)起吊作业时如果没有专人指挥和统一的口令,司机可能因为视线不良、判断失误造成机械伤人事故,或者起吊机械碰撞洞室,毁坏洞室或使起吊机械倾覆,造成机械毁坏和人员伤亡事故。

(6)在水压较高的隧道中施工时,如果选择的钻孔设备不能满足要求,可能因为水压太高导致钻孔设备损坏,甚至因为水压太高反推钻孔设备导致人员伤亡事故。

(7)钻孔作业时,作业人员若站在孔口正面,因为水压太高,水流可能冲出施工机械导致机械伤人事故。

(8)进行管棚施工时,如果没有及时观察排渣和孔内出水情况,出现异常情况时没能及时发现和及时汇报并处理,因为前方地质不良可能发生突泥冒水甚至塌方,导致人员和机械被埋压事故。

(9)管棚和小导管在作业平台上临时存放时,如果偏载、超载,作业平台可能倒塌,发生人员掉落事故甚至被作业平台杆件刺穿事故,同时应注意防止管棚和小导管滑落,以免砸伤地面工作人员。

(三)预注浆

(1)注浆压力如果超过注浆管和止浆装置的最大值,可能发生注浆管爆裂伤人事故。

(2)预注浆过程中,如果没有安排人员对受注浆影响的围岩和其他结构进行观察,因为注浆压力过大可能导致围岩失稳破坏,造成围岩掉落伤人甚至导致隧道坍塌,造成人员和机械被埋压事故。

(3)采用预注浆加固围岩或止水时,每一循环结束后,如果没有检验预注浆效果就开始进行下一循环,可能因为上一循环支护强度不够导致围岩掉落甚至坍塌,造成人员和机械被埋压事故。

(四)喷射混凝土

(1)喷射混凝土之前如果没有清除作业面上松动的岩石,在进行混凝土喷射施工时可能发生危岩掉落,造成工作人员被砸伤事故。

(2)进行喷射混凝土作业的人员未佩戴防尘口罩、防护眼镜等防护用具,在喷射混凝土时混凝土可能溅入眼睛对人体造成伤害。

(3)混凝土喷射作业时,如果有非作业人员在现场,或者在喷嘴前站人,可能因为喷嘴故障导致混凝土意外喷出,对人员造成伤害。

(4)喷射混凝土过程中,如果工作人员用脚踩踏输料管,可能因此而导致输料堵塞甚至爆裂,导致人员伤亡事故。

(5)围岩渗水时,如果采用防水布或铁皮等遮盖材料大面积引水,导致喷射混凝土与围岩分离,可能造成混凝土掉落砸伤工作人员事故。

(五)锚杆

(1)锚杆钻进作业时,钻机及工作平台如果不够稳定牢靠,在钻进时受到锚杆反向推力作用可能导致钻机倒塌,造成人员被钻机砸伤或工作平台倒塌而发生人员跌落甚至被刺穿事故。

(2)施工人员如果没有佩戴安全帽、安全带、防护眼镜等防护工具,钻进时产生的碎屑可能溅入眼睛对人体造成伤害,或者碎石掉落砸到工作人员脑袋甚至从安全台上掉落。

(3)锚杆如果没有上垫板或者带螺帽,在钻进后会造成应力集中,可能导致锚杆破坏,锚固作用失效,围岩掉落砸伤施工人员。

(4)锚杆垫板如果与锚杆焊接,在使用时锚杆头变形后无法加固垫板、螺帽,可能导致锚固失效,围岩掉落砸伤施工人员甚至垮塌造成施工人员和机械被埋压。

(5)锚杆安设后如果受到敲击,因发生位移可能与围岩分离,从而造成锚固失效,导致围岩掉落砸伤施工人员,甚至造成围岩坍塌发生人员和机械被埋压事故。

(6)锚杆锚固后,端部如果过长,侵入隧道内运输限界可能导致运输车辆受损事故。

(六)钢架

(1)钢架所有部件如果焊接不牢固,在运输或者使用时钢架可能断裂倒塌,造成人员被钢架砸伤甚至刺穿事故。

(2)钢架在隧道内运输时,装载如果固定不牢靠,在运输时可能发生碰撞而倒塌掉落,造成人员被砸伤亡事故。

(3)钢架背后的空隙如果没有喷射混凝土予以填实,或者只是填充片石或其他材料,在使用过程中因为钢架与围岩之间存在缝隙,钢架受力不均匀,可能导致钢架变形异常(应力集中),造成钢架局部破坏甚至全部垮塌,发生人员被砸甚至被埋压事故。

(4)钢架基础如果不够坚实稳固,或者设在虚渣上,在后期使用过程中容易发生基础不均匀沉降,导致钢架受损,衬砌掉落,砸伤工作人员。

(5)需要更换钢架时,如果先拆除旧钢架后立新钢架,可能在旧钢架拆除后围岩因为没有钢架的支护而发生掉落甚至垮塌,造成施工人员被砸伤甚至被埋压事故。

二、风险控制重点

(1)支护作业前应清除作业面上松动软弱的围岩,且要有足够的照明度。

(2)支护加固作业时严禁在作业面下方站人。

(3)支护加固作业平台应设置牢固,基础稳固,并设置安全护栏和安全网。

(4)管棚和超前小导管作业时应注意观察排渣孔内的水压情况,避免发生突水。

(5)预注浆作业应控制注浆压力和观察注浆周边围岩的变化情况。

(6)喷射混凝土时应注意对喷射混凝土工作人员的防护。

(7)锚杆锚固时严控锚固质量,禁止锚固不足或锚固失效。

(8)钢架运输时应注意钢架的稳定性,避免钢架倾覆。

三、风险控制技术措施

(1)隧道支护施工作业面用电应符合临时用电的要求,其照明应满足安全作业的需要。

(2)隧道支护必须按初喷→架设钢架(钢筋网)、锚杆→复喷的程序施工。在爆破、找顶后,应立即初喷混凝土封闭围岩。

(3)隧道支护施工质量必须达到有关标准规定的要求。超前支护应在完成开挖工作面的加固后进行,每循环之间应有足够的搭接长度与初期支护有效连接。

(4)管棚和小导管在施工过程中应指定专人负责对开挖工作面进行安全观测。

(5)在水压较高的隧道进行管棚钻孔作业时,应选择适合较高水压的钻孔设备,钻孔设备应采取防突水突泥冲出的反推或拴锚措施;应安装满足水压要求的带止水阀门的孔口管,孔口管应安装牢固;钻孔作业时,作业人员不应站立在孔口正面,且应远离孔口。

(6)钢架运输时注意钢架的稳定性,避免钢架倾覆。

(7)进行管棚施工时应记录钻机钻进的各项技术参数,观察钻渣排出和孔内出水的情况,并与超前地质预报的结果核对。出现异常时,应及时报告并进行处理。

第二节　衬砌施工安全技术与风险控制

一、风险分析

(一)衬砌施工准备阶段

(1)衬砌工作面如果不满足临时用电安全要求,在施工过程中可能发生漏电事故,导致人员被电击,甚至因为电击导致施工人员从施工平台上掉落造成高处坠落事故。

(2)隧道衬砌施工如果过早,在衬砌施工完成后围岩和初期支护可能发生过大变形导致衬砌出现裂纹,导致衬砌失效而发生衬砌掉落砸伤人员等事故。

(3)在一些围岩破碎地段和洞口地段,如果没有及时进行衬砌施工作业,可能发生围岩掉落,导致施工人员被砸伤事故。

(4)开挖面和衬砌作业面的距离如果不够合理,开挖后没有进行及时衬砌,可能导致隧道围岩掉落砸伤施工人员,甚至造成隧道坍塌导致施工人员和机械被埋压;或者因为衬砌作业面与开挖面距离过近,开挖作业与衬砌作业相互影响,导致人员被机械碰伤或者机械之间发生碰撞,造成机械损坏甚至机械伤人事故。

(5)在衬砌施工范围内,如果有非作业人员进入,由于给现场管理带来了压力,施工机械可能对人员造成碰撞甚至碾压,或者发生高空坠物砸伤等事故。

(二)衬砌台车

(1)衬砌台车如果在洞内进行组装、拆卸,因为洞内基础不平稳,可能导致衬砌台车侧翻,造成人员坠落伤亡或者被砸伤亡事故。

(2)衬砌作业台架如果强度、刚度和稳定性不够,在使用时可能发生台架倒塌,造成高处坠落事故甚至被台架的杆件刺穿事故。

(3)衬砌作业台架下如果没有设置安全通道,人员在经过时可能被衬砌台车上掉落的东西砸伤。

(4)衬砌台车如果侵入运输限界,运输车辆在经过衬砌台车时没有减速行驶、加强瞭望,运输车辆与衬砌台车可能发生碰撞,导致机械损坏甚至衬砌台车倒塌而发生人员坠落或者人员被砸伤亡事故。

(5)衬砌台车的移动速度如果过快,或者没有专人负责指挥,可能与其他施工机械发生碰撞,导致机械损坏或对其他机械的施工人员造成生命威胁,或者在移动过程中发生倒塌造成洞内施工人员被砸伤亡事故。

(6)衬砌作业台架上如果没有设置安全护栏或者封闭式安全网,施工人员在衬砌台架上没有系安全带,施工人员有可能从衬砌台车作业台上坠落而发生伤亡事故。

(7)衬砌台车各吊点如果设置不够牢固可靠,在吊装时可能掉落而造成地面人员被砸伤亡事故。

(三)防水板

(1)防水板存放地点如果禁火不严或者没有安放消防器材,因为防水板是易燃产品,可能导致防水板存放地点发生火灾,对洞内施工人员和机械造成极大的威胁。

(2)防水板施工时,如果有施工人员吸烟,或者钢筋焊接时没有设置临时阻燃挡板防止焊接火花掉落在防水板上,导致防水板被灼伤,防水效果会受到影响,为隧道在使用过程中留下安全隐患。

(3)防水板施工作业时,如果没有专人负责观察作业面的安全状态,作业面出现意外情况时,作业人员未能及时发现可能导致作业人员的生命和安全受到威胁。

(四)钢筋

(1)从事钢筋加工、焊接的操作人员,如果没有经过培训就上岗,可能因为缺少专业知识导致操作失误,造成机械伤人事故。

(2)钢筋进行切割时,切割作业前面如果站人,切割产生的火花可能溅入眼睛,对人体造成伤害。

(3)钢筋堆放在衬砌作业台上时,如果堆放混乱或者堆放过高,钢筋可能从作业台上滑落,砸伤下面的施工人员,甚至被钢筋刺穿。

(4)衬砌钢筋在安装过程中,如果没有采取临时防倾倒措施,或者防倾倒设施侵入其他限界,钢筋可能发生倾倒,导致施工人员被砸伤等事故。

(五)混凝土浇筑

(1)施工过程中如果长时间不检查泵送混凝土的管道,其连接的可靠性和管道的稳定性可能受到破坏,导致管道发生断裂或者爆裂,对施工人员造成身体伤害。

(2)混凝土浇筑过程中,如果没有人负责观察作业台车的受力状况,作业台车有异常情况时没能及时通知作业人员立刻撤离,作业台倾覆倒塌可能造成施工人员坠落伤亡或者被砸伤事故。

(3)仰拱施工时,如果没有配备足够强度和刚度的栈桥,或者栈桥基础不够稳固,桥面没有进行防侧滑处理,可能导致栈桥倒塌,造成施工人员被砸伤亡。

(4)仰拱栈桥附近如果没有设置减速标志,运输车辆在行驶时可能撞毁栈桥基础,发生栈桥倒塌事故,导致运输车辆被砸、施工人员被砸伤亡事故。

(5)混凝土浇筑过程如果没有控制浇筑速度,浇筑速度过快可能导致浇筑质量不合格,为后期隧道使用过程中出现安全事故埋下隐患。

(6)混凝土浇筑如果两边不对称,可能导致衬砌两边应力不对称,衬砌钢筋发生偏移掉落砸伤施工人员。

二、风险控制重点

(1)隧道衬砌施工应在围岩变形稳定后进行。

(2)衬砌台车应设置安全网,基础应稳固,且不得影响其他车辆通行。

(3)防水板施工时严禁烟火。

(4)衬砌钢筋施工时应连接牢固,采取防倾倒措施。

三、风险控制技术措施

(1)一般地段隧道施作衬砌应在围岩和初期支护变形稳定后进行;在浅埋、偏压、围岩松散破碎等特殊地段和洞口段,应尽早施作衬砌。

(2)衬砌作业台架下预留通行作业人员、施工车辆以及安设风、水、电线路或管道的净空,应满足洞内车辆和人员安全通行的要求。

(3)衬砌作业台架、作业平台四周应设置安全栏杆、密闭式安全网、人员上下工作梯,衬砌台车及防水板施工作业台架还应配置灭火器,经验收合格方可投入使用。

(4)运输机械应按规定线路及限行速度行驶,过往台架、栈桥时应加强瞭望,倒车作业应有专人指挥,驻停时应有制动措施及安全警示标志。

(5)衬砌台车就位后,应按规定设置防溜车装置,按设计高程及中线调整台车支撑系统,液压支撑应有锁定装置。

(6)防水板的临时存放点应设置消防器材及防火安全警示标志,并有专人负责看管和发放。

(7)衬砌钢筋安装过程中应采取临时支撑等防倾倒措施,临时支撑应牢固可靠并有醒目的安全警示标志,作业人员与过往机械不得踩踏、碰撞。

(8)衬砌台车端头挡板与防水板、台车间接触面应紧密,挡板支撑应稳固。混凝土浇筑过程中应安排专人检查挡板及支撑的安全状况。

(9)仰拱施工应配备有足够强度、刚度和稳定性的栈桥等架空设施。仰拱施工栈桥基础应稳固,桥面应进行防侧滑处理,栈桥两侧应设限速警示标志,通过速度不得超过 5 km/h。

第七章　施工排水、通风防尘安全技术与风险控制

第一节　施工排水安全技术与风险控制

一、正洞排水

(一)风险分析

(1)洞内排水沟渠如果不定期清理,可能发生淤塞,排水沟淤塞导致洞内的水不能及时排出,造成洞内积水,可能造成洞内衬砌基础沉降,衬砌掉落导致人员被砸伤亡或机械损坏。

(2)洞内积水同时可能造成洞内供电线路短路、漏电等,造成洞内施工人员触电伤亡事故。

(3)洞内反坡排水使用机械需要设置集水坑时,如果选择位置不合适,可能会对施工造成干扰,并对施工机械造成威胁。

(4)集水坑附近如果没有设置安全护栏或者安全护栏失效,或者没有设置警示标志,洞内施工人员和机械可能误入集水坑,造成淹溺事故。

(5)排水机械如果不足,可能因为排水机械故障导致洞内积水不能及时排出,造成洞内基础被淹没,导致隧道内结构物基础失稳,严重时可导致隧道坍塌事故。

(6)对于膨胀岩或者围岩松软地段,如果使用天然基础作排水沟渠,如果没有用混凝土浇筑表面或者使用排水管道,可能造成膨胀岩遇水膨胀或者松软围岩被水冲刷破坏,导致隧道结构受到破坏,造成隧道坍塌、人员和机械被埋压事故。

(二)风险控制重点

(1)定期检查排水渠道,清除淤塞,严防排水不良造成冲刷甚至引发地质灾害。

(2)合理选择集水坑位置,且设置安全警示标志,严防人员坠入。

(3)反坡排水时,须准备足够的排水机械,以防积水造成触电伤害、淹溺伤害。

(三)风险控制技术措施

(1)隧道施工前应根据工程地质、水文地质资料制定防排水方案。施工中应按现场施工方法、机具设备等情况,选择不妨碍施工的防排水措施。

(2)隧道进洞前应先做好洞顶、洞口、辅助坑道口的地面排水系统,防止地表水的下渗和冲刷。

(3)施工中应对洞内的出水部位、水量大小、涌水情况、变化规律、补给来源及水质成分等做好观测和记录,并不断改善防排水措施。

(4)隧道两端洞口及辅助坑道洞(井)口应按设计要求及时做好排水系统,覆盖较薄和渗透性强的地层,地表积水应及早处理,并应符合以下要求:

①勘探用的坑洼、探坑等应回填黏土,并分层夯实。

②洞顶上方如有沟谷通过且沟谷底部岩层裂缝较多,地表水渗漏对隧道施工有较大影响

时，应及时用浆砌片石铺砌沟底，或用水泥砂浆勾缝、抹面。

③洞顶附近有井、泉、池沼、水田等，应妥善处理，不宜将水源截断、堵死。

④清理洞附近杂草和树丛，开沟疏导封闭积水洼地，不得积水。

⑤洞顶排水沟应与路基边沟顺接组成排水系统。

⑥洞外路堑向隧道内为下坡时，路基边沟应做成反坡，向路堑外排水，并宜在洞口 3~5 m 位置设置横向截水设施，拦截地表水流入洞内。

⑦施工废水应通过管路及不透水的沟槽泄到隧道范围以外。

(5)洞内顺坡排水，其坡度应与线路坡度一致，并应满足下列要求：

①水沟断面应满足排出隧道中渗漏水和施工废水的需要。

②水沟位置宜结合结构排水工程设在隧道两侧或中心，并避免妨碍施工。

③经常清理排水设施，确保水路畅通。

(6)洞内反坡排水，应采取下列措施：

①必须采取机械抽水。

②排水方式可根据距离、坡度、水量和设备等情况选用排水水沟或管路，或分段接力或一次将水排出洞外。

③视线路坡度分段开挖反坡排水沟。在每段下坡终点开挖集水坑，使水流至坑内，再用水泵将水抽到下段水沟流入下一个集水坑，这样逐段前进，将水排出洞外。反坡水沟坡度不宜小于 0.5%。

④隧道较短时，可在开挖面附近开挖集水井，安装水泵，将水一次送出洞外。

⑤沟管断面、集水坑(井)的容积按实际排水量确定。

⑥抽水机的功率应大于排水量所需功率 20%以上，并应配备备用抽水机。

⑦做好停电时的应急排水准备工作。

(7)洞内有大面积渗漏水时，宜钻孔将水集中汇流引入排水沟。钻孔的位置、数量、孔径、深度、方向和渗水量等应做详细记录，以便在衬砌时确定拱墙背后排水设施的位置。

(8)洞内涌水或地下水位较高时，可采用井点降水法和深井降水法处理。

(9)隧道施工有平行导坑或横洞时，应充分利用辅助导坑降低正洞水位，使正洞水流通过辅助导坑引出洞外。

(10)在地下水发育的软弱围岩、断层破碎带中，施工防排水可按有关规定进行。

(11)严寒地区隧道施工排水时，宜将水沟、管埋设在冻结线以下或采取防寒保温措施。

(12)洞顶上方设有高位水池时，应有防渗和防溢水设施。当隧道覆盖层厚度较薄且地层中水的渗透性较强时，水池位置应远离隧道轴线。

二、斜井和竖井排水

(一)风险分析

(1)斜井洞门、竖井锁口圈若未及时施作，可能造成井口坍塌。

(2)集水坑的位置若设置不当，可能影响井内运输和安全。

(二)风险控制重点

(1)斜井洞门、竖井锁口圈须及时施作，以免发生井口坍塌事故。

(2)确保集水坑的位置合理，防止因积水影响而造成车辆伤害。

（三）风险控制技术措施

（1）斜井、竖井井口周边的截水、排水系统和防冲刷设施应在开挖前妥善规划，尽早完成。斜井洞门、竖井锁口圈应及早施作。

（2）正洞施工由斜井、竖井排水时，应在井底设置集水坑，用抽水机抽出井外。集水坑设置的位置不得影响井内运输和安全。

（3）斜井、竖井施工有水时，应边开挖边挖积水坑，并视渗水量大小采用抽水机或吊桶排出。

第二节　施工通风防尘安全技术与风险控制

一、风险分析

（1）如果隧道内空气质量检测不及时，隧道内有害气体成分可能超过规定值，对洞内施工人员造成气体中毒等事故。

（2）隧道内施工人员如果没有佩戴防尘口罩、耳塞等劳保用品，空气中灰尘被施工人员直接吸入，可能造成身体伤害。

（3）通风管道沿线如果没有设置警示灯或警示标志，管道可能被施工机械、运输机械破坏，造成机械损坏甚至机械伤人事故。

二、风险控制重点

（1）经常检查洞内空气成分，尤其是瓦斯、一氧化碳浓度，超过安全值应及时通报并停止施工。

（2）隧道内通风管道沿线应设置安全警示标志。

三、风险控制技术措施

（1）隧道施工通风应纳入工序管理，成立专门的通风班组，由专人负责管理。通风方案应经过专项审查，经监理单位审批后实施。

（2）粉尘容许浓度：每立方米空气中含有10%以上的游离二氧化硅的粉尘不得大于2 mg，每立方米空气中含有10%以下的游离二氧化硅的矿物性粉尘不得大于4 mg。

（3）通风机控制系统应装有保险装置，当发生故障时应自动停机。

（4）隧道施工应采取综合防尘措施，并配备专用检测设备及仪器，按规定时间测定粉尘和有害气体浓度。

（5）隧道施工人员应配备防尘口罩、耳塞等个人劳动保护用品。洞内作业人员应定期体检，保障健康。

第八章　风水电供应安全技术与风险控制

第一节　供风安全技术与风险控制

一、风险控制重点

在供风中，风险控制的重点体现在四个方面：

(一)杜绝空压机爆炸事故

严防空压机附件失效(尤其是储气罐、安全阀、压力表失效)的不安全状态，杜绝在储气罐15 m以内进行焊接、热加工及其他任何动火作业的不安全行为。

(二)杜绝管路破损等造成气液混合体溢出伤人

严防供风管材不合格的不安全状态，杜绝发现供风管破损、漏风等现象却不采取必要处理措施的不安全行为；空压机运转过程中，杜绝随意松动、拆卸管路附件的不安全行为；供风管安装过程中，杜绝采用不合格管材、安装质量不合格的不安全行为。

(三)严防机械伤害

严防机械有异响时仍继续作业的不安全行为。

(四)杜绝触电伤害

严防电动机电刷发生强烈火花时仍继续作业的不安全行为。

二、风险控制技术措施

(1)空压机站应有防水、降温和保温设施，并按规定配备消防器材；距离居民区较近时应有防噪声、防振动的措施。

(2)空压机站应保持清洁和干燥。

(3)空压机的进、排气管较长时，应加以固定，管路不得有急弯；对较长管路应设伸缩变形装置。输气胶管应保持畅通，不得扭曲。

(4)空压机的使用、维修应符合下列规定：

①储气罐应放在通风良好处，距储气罐15 m以内不得进行焊接或热加工作业。

②储气罐、安全阀、压力表应按规定进行检验。

③使用前应检查空压机的安全状况，确认完好后方可投入使用；使用过程中应经常检查维护，确保安全运转。

④操作人员应经专业培训并持证上岗，并遵守安全操作规程。

⑤必须执行交接班制度，并做好交接班记录，值班人员不得随意离岗。

⑥运转过程中不得随意松动、拆卸任何管路附件和接头。

⑦检修或维护时必须停机、切断电源并排尽压缩空气，同时将配电箱锁闭并悬挂“严禁合闸”警示牌，防止意外启动导致人员及设备的损伤。

⑧发现下列情况之一时应立即停机检查,找出原因并排除故障后方可继续作业:

a. 漏水、漏气、漏电或冷却水突然中断。

b. 压力表、温度表、电流表指示值超过规定。

c. 排气压力突然升高,排气阀、安全阀失效。

d. 机械有异响或电动机电刷发生强烈火花。

(5)供风管安装应符合下列规定:

①供风管的材质及耐风压等级应满足相应要求,不得采用伪劣或不合格管材。

②供风管安装前应进行检查,当有裂纹、创伤、凹陷等现象时不得使用,管内不得留有残余物和其他脏物。

③洞内供风管应敷设在电缆、电线路的相对一侧,不得妨碍运输和影响侧沟施工。风管网路中应分段设控制闸阀,以利于控制和检修。

④供风管应敷设平顺,接头严密,不得漏风。软管与钢风管的连接必须牢固可靠,风管拆卸必须在空压机停机或关闭闸阀后进行。

(6)供风系统使用过程中应设专人负责检查和维护,对漏风管路及闸阀等应及时进行修复或更换。

第二节　供水安全技术与风险控制

一、风险控制重点

供水作业的风险级别一般,但是若完全忽略,仍可能造成严重的事故。供水作业的风险控制重点在于:

(1)严防蓄水池选址错误(例如在隧道洞门正上方)而导致各种地质灾害。

(2)杜绝所供水质不符合标准而导致质量事故。

(3)严防蓄水池不牢固、无防护棚和防护栏或防护棚和防护栏损坏的不安全状态而导致落水淹溺事故。

(4)杜绝抽水机及其电力线路绝缘不良而造成触电伤害。

(5)严防供水管道有裂纹或闸阀失效使隧道边、仰坡受到冲刷而引发各种地质灾害。

二、风险控制技术措施

(1)蓄水池选址时,应特别注意蓄水池不得设于隧道正上方。

(2)高压水池应根据所需水压选择适宜高度。

(3)蓄水池基础应置于坚实地基上,无渗漏现象,使用过程中应加强检查(若基础沉降不均匀可能使蓄水池产生裂缝)。

(4)蓄水池顶部必须设防护棚,四周应设防护栏,并有明显的安全警示标志,防止人员坠入。

(5)隧道工程用水使用前应经过水质鉴定,并符合施工用水水质要求。

(6)机械抽水应有专人负责,当抽水机房设在河边时,应有防洪措施。水池与机房之间应保持通信联系。

(7)抽水机电机的绝缘阻值应符合要求,机体应有可靠的接地接零保护,电力线路应绝缘良好。

(8)供水管道在安装前应进行检查,有裂纹、损伤等现象时不得使用,管内不得留有残余物。

(9)供水管路应敷设平顺,接头严密,不得漏水。

(10)洞内供水管道应铺设在电缆、电线路的相对一侧,不得妨碍运输和通行。

(11)寒冷地区冬期施工时,应采取防冻措施,防止供水管道冻裂。

(12)供水系统应设专人负责检查和维护,对漏水管路及闸阀等应及时修复或更换,对水源含泥沙较多的高压水池应定期清洗。

第三节　供电安全技术与风险控制

一、风险控制重点

供电作业的风险级别极高,其风险控制的重点体现在两个方面:

(一)杜绝触电伤害

杜绝电缆线、供电线路绝缘不良的不安全状态;杜绝布设方法错误的不安全行为;杜绝违章用电的不安全行为;严防警示标志、警示灯未按规定设置的不安全状态。

(二)杜绝因照明不良而导致各类伤害事故

严防隧道内照明闪烁的不安全状态;严防照明不均匀、有死角的不安全状态。

二、风险控制技术措施

(1)应编制施工用电施工组织设计,经技术负责人批准后实施。

(2)施工现场应由专业技术人员建立用电安全技术档案,定期对电力系统进行检查、量测。

(3)施工电源及高低压配电装置应设专职人员负责运行与维护。

(4)施工现场应对电工和用电人员进行安全用电教育培训和技术交底,电工必须持证上岗。

(5)隧道供电电压应符合下列要求:

①供电线路应采用 380 V/220 V 三相五线系统。

②照明电压:作业地段不得大于 36 V,成洞地段可采用 220 V。

③低压线路末端的电压降不得大于 10%。

(6)电缆线路必须有短路保护和过载保护。

(7)施工用电设施安装后,必须经过验收,合格后方可投入使用。

(8)隧道内供电线路布置和安装应符合下列规定:

①成洞地段固定的电线路,应用绝缘良好的塑料绝缘导线架设;施工地段的临时电线路,应采用橡套电缆,并应挂设在临时支架上;竖井、斜井应使用铠装电缆。

②照明和动力电线路安装在同一侧时,必须分层架设。电线悬挂高度应为:电压 380 V 时不小于 2.5 m,10 kV 时不小于 3.5 m。

③涌水隧道的电动排水设备以及斜井、竖井内的电气装置，应采用双回路输电，并应有可靠的切换装置。

④36 V 低压变压器应设在安全、干燥处，机壳接地，输电线路长度不得大于 100 m。

⑤动力干线上的每一分支线必须装设开关及保险装置。严禁在动力线路上加挂照明设施。

(9)在隧道内设置 10 kV 变电站，应符合下列要求：

①变电站应设置在干燥的避车洞或不使用的横通道内，变压器与周围及上下洞壁的最小距离不得小于 300 mm。

②变电站周围必须装设防护遮栏和警示灯，悬挂"止步，高压危险"或"禁止攀登，高压危险"等安全警示牌。

③变电站应采用井下高压配电装置或相同电压等级的油开关柜，不应使用跌落式熔断器。低压应采用成套组合电器或带有空气断路器的低压配电盘。

(10)隧道施工照明应符合下列规定：

①隧道内照明的光照度应充足、均匀，不得有闪烁。

②采用普通光源照明时，其光照度应满足表 8-1 的要求；不安全因素较大的地段应加大光照度。

表 8-1　隧道施工照明要求

施工作业地段	最小光照度(lx)
开挖工作面	50
其他作业地段	30
运输通道	15
成洞地段	10

③洞内主要交通道路、抽水机站等重要场所，应有安全照明。

④隧道施工照明应采用防水、防尘灯具。

(11)隧道施工用电应按设计要求设置双电源或自备电源。自备发电机组与外电线路必须电源联锁，严禁并列运行。发电机组应设置短路保护和过载保护。

(12)电气设备的金属外壳必须与保护零线连接。低压电气设备和器材的绝缘电阻严禁小于 0.5 MΩ。

(13)电气设备或线路发生火警时，应首先切断电源，在未切断电源之前，严禁身体接触导线或电气设备，严禁用水进行灭火。

(14)发生人体触电时，应立即切断电源，方可对触电者做紧急救护。严禁在未切断电源之前与触电者直接接触。

(15)电气装置遇跳闸时，应查明原因，排除故障后方可再行合闸，严禁强行合闸。

(16)施工现场电动建筑机械或手持式电动工具的电源连接线，必须按其容量选用无接头的铜芯橡皮护套软电缆。其中绿黄双色线在任何情况下只可用作保护零线或重复接地线。

(17)竖井内的电缆线路应分段固定。

(18)电源导线严禁直接绑扎在金属架上。

(19)配电室应单独设立，并设有操作、维护通道，保持整洁、畅通，严禁堆放杂物。

(20)配电柜应符合下列规定：

①两端应做接地(接零)。

②名称、用途、分路应做标记。

③严禁直接挂接临时用电设备。

④配电柜或线路维修时应挂停电标志牌。

⑤停、送电必须由专人负责,停止作业时应断电上锁。

(21)配电箱、开关箱应采用厚度为1.2~2.0 mm的铁板或阻燃绝缘材料制作,隧道内的配电箱和开关箱应能防雨、防尘。配电箱、开关箱应装设端正、牢固。

(22)配电箱必须分设N线端子板和PE线端子板。总配电箱应设总隔离开关、分隔离开关、漏电保护器等电气设备。分配电箱应设总隔离开关、分隔离开关。开关箱应设隔离开关、漏电保护器,实行“一机一闸一漏”制,严禁设置分路开关。

(23)对配电箱、开关箱进行维修、检查时,必须将其前一级电源断开,严禁带电作业。

(24)每台用电设备必须设各自专用的开关箱,严禁用同一个开关箱直接控制两台及以上用电设备。

第九章　不良地质和特殊岩土地段隧道施工安全技术与风险控制

第一节　风险控制总体策略

一、不良地质与特殊岩土地段隧道的安全特点

不良地质条件是指由各种地质作用和工程施工而造成的不良工程地质情况的总称。不良地质与地质灾害不同,地质灾害是指以地质应力为主要原因引起的造成人类生命财产损失,或使人类赖以生存和发展的环境、资源发生严重破坏的现象或过程。

不良地质隧道就是比较特殊的具有不利条件的隧道,是指黄土地层、膨胀土地层、岩爆、断层、风积沙、溶洞、突涌水、富水软弱围岩、松散地层、高地温地层、瓦斯地层、隧道偏压等不良地质条件的隧道。

在不良地质条件下进行隧道施工,如果开挖、支护处理不当,极易引起安全、质量和工期等方面的严重事故。一般说来,不良地质条件是造成地下工程失事的一个重要原因,但并不意味着凡是不良地质条件的地下工程施工都一定会出现工程事故。恰恰相反,更多的工程实践证明,如果施工方法科学合理,反而能安全而高质地通过不良地质地段。

在不良地质地段隧道施工过程中,要制定完整的地质预测、预报预案,做好技术、物资、人力和财力的储备,根据预报结果及时调整施工方案,加强施工过程中的量测工作,及时反馈量测结果以调整施工方法。不良地质隧道施工过程中最主要的是选择合理的施工方法,而合理的施工方法的选择又取决于施工条件、围岩条件、隧道断面积、隧道埋深、工期和环境条件等因素。因此在施工过程中必须遵守以下基本原则:

(1)施工前必须根据勘测提供的工程及水文地质资料,结合现场实际情况进行分析研究,制定完整的施工技术方案。

(2)施工应遵循超前支护、短进尺、弱爆破、快封闭、勤量测的原则。

(3)选择合理的开挖方法来保护围岩,避免过度破坏围岩。

(4)广泛应用新奥法,容许围岩有适度变形,充分发挥围岩自身的承载力,合理地确定支护结构的类型和时机。

(5)特殊地质和不良地质地段隧道施工前,应采用超前地质预报及时准确地进行量测监控,以指导施工和设计。

(6)在施工过程中,必须建立设计、施工检验、地质预测、量测反馈、修正设计一体化的施工管理系统。

二、风险控制总体策略

在不良地质条件下,应从专项施工技术方案合理性、开发方法正确性、超前地质预测预报

分析准确性、初期支护及时性、瓦斯检测准确性等方面入手来进行风险防控,以避免发生塌方冒顶事故、突涌水灾害、瓦斯爆炸事故等。

从总体上看,不良地质隧道施工应从以下几个方面做好风险控制工作:

(一)安全方案为总纲

不良地质隧道施工前,必须根据设计提供的工程地质及水文地质资料,结合现场实际情况进行分析研究,组织专业技术人员多次讨论制定安全专项施工技术方案,制定的安全专项施工技术方案必须以"安全第一"为第一要务。必须针对不同风险源制定完善的应急预案。

(二)预测预报为保障

隧道施工时,应根据具体情况制定地质预测、预报方案并组织实施,并根据地质预测、预报的结果及时调整隧道施工方案。应加强监控量测,当发现围岩和支护体系变形速率异常时,应立即采取有效措施,情况严重时应将全部人员撤离危险区域。

(三)演练教育为主线

定期组织演练,提高救援人员的技术水平与救援队伍的整体能力,以便在事故的救援行动中达到快速、有序、有效的效果。应开展不良地质条件下隧道可能发生的灾害事故类型、征兆、逃生方法、救援方法等的知识教育、逃生与救援实战技能训练等。每道施工工序作业前,应由当班安全员用班前安全讲话的形式,将作业风险和安全措施告知所有作业人员,并按安全措施执行。

(四)物资储备须足够

施工中应有足够的抢险、急救物资储备。抢险救援装备一般分为警戒、灭火、照明、通信、救生、破拆、急救、特殊钻探等类别。应定期检查保养,确保装备机况良好,能随时投入抢险救援。救护车、消防车、拖车、吊车、客车、应急发电车等通用救援设备可结合使用社会资源。

第二节 岩溶隧道施工安全技术与风险控制

一、风险分析

岩溶隧道施工常遇到的地质问题包括溶洞、暗河和水囊等。一些溶洞位于隧道底部,需要对这些溶洞进行填充处理,但是填充物松软且深,当进行隧道基底施工时,易出现不均匀沉降现象;岩溶隧道施工会遇到大的水囊和暗河,一旦挖通岩壁或者水囊和暗河冲破岩壁,会有大量的岩溶水或者泥沙水涌入隧道;岩溶隧道施工会遇到饱含水分的充填物溶槽,一旦坑道掘进到其边缘时,将会有大量的含水充填物不断涌入隧道,造成地表开裂,山体压力剧增;此外,还有一些溶洞和暗河迂回交错的岩溶隧道,施工难度大。

在岩溶隧道施工中,除了具有一般隧道所具有的风险外,还主要存在以下风险:

(1)未进行超前地质预报或预报方法太单一等不安全行为,一旦发生突发性突涌水事故,易发生重大人员伤亡事故,造成施工设备和器械浸泡、隧道内有轨和无轨道路中断、隐藏在水中的尖锐物体对人员造成意外伤害等。

(2)若对岩溶水处理不当,例如随意排放岩溶水,可能造成泥石流灾害。

(3)在溶洞充填体中掘进时,若不提前注浆加固,在掘进过程中极易造成塌方冒顶事故。

(4)钻炮眼前,若前方有地下承压水体但未进行超前钻孔探测,密集的炮眼会削弱掌子面的承载力,在钻眼时极易造成突水灾害,也可能在爆破瞬间发生突水灾害。

(5)长进尺、大药量爆破可能引发隧道坍塌冒顶事故,也可能引发突涌水灾害。

(6)当隧道只有一侧遇到溶洞时,若先开挖另一侧,可能造成片帮甚至塌方事故。

(7)施工中若未处理溶洞顶板危石,或高处处理危石时安全措施不当,可能造成物体打击伤害或高处坠落伤害。

(8)探明溶洞水流后,未进行排水减压或排水减压方法不当,可能造成突涌水灾害。

(9)二次衬砌施工前,未检查处理拱部、底板、侧边墙范围内的有害空洞,可能造成隧道坍塌,或给运营期间的安全留下隐患。

二、风险控制重点

(1)杜绝不进行超前地质预报的不安全行为。

(2)在溶洞充填体中掘进前,现场盯控进行注浆加固。

(3)杜绝长进尺、大药量爆破的不安全行为。

(4)当隧道只有一侧遇到溶洞时,现场盯控确保作业人员先开挖溶洞这一侧。

(5)施工中严防忽略溶洞顶板危石的不安全行为。

(6)二次衬砌施工前,认真细致检查处理拱部、底板、侧边墙范围内的有害空洞。

三、风险控制技术措施

(1)在施工过程中采用机械钻探法、地震波法或电磁法等进行超前地质预测预报,对隧道周边的暗河、溶洞及大水囊等地质情况提供相对准确的数据,尽可能地避免突泥、突水以及坍塌等事故,保障施工的顺利进行和人员、设备的安全。

(2)当发现暗河或溶洞内有水流时,首先要查明水源流向及其与隧道位置的关系,采用暗管、涵洞、小桥等措施将水流排出洞外,禁止直接对暗河或者溶洞进行填堵处理,以免发生突水、突泥事故。

(3)当发现溶洞停止发育、无水流、跨径小时,根据溶洞和隧道的位置及其填充情况,采用混凝土、浆砌片石或干砌片石进行回填封闭,并根据现场地质情况决定是否需要加深边墙基础,以防发生坍塌事故。

(4)在暗河、溶洞多,且地下水丰富的岩溶隧道,尤其是当工区为反坡施工时,施工过程中发生突水、突泥的可能性很大,应提前制定好灾害预防措施和灾害补救方案,施工前配备足够的应急救援设备。

(5)在施工中应该加强对邻近暗河、溶洞等危险地段的地质预报和管棚支护,降低隧道突水、突泥事故发生的可能性。

(6)近距离穿越含水岩溶构造时,应分步开挖,同时进行弱爆破施工减小对防突岩层的扰动、破坏,确保防突岩层的稳定,以规避施工时发生突水灾害。

(7)隧道施工过程中可溶岩与非可溶岩界面、断裂构造带、陡倾褶皱构造核部等部位易发生突水、突泥灾害。通过对岩溶突水特征的分析,对连通型溶腔,应避开雨季施工;对未连通型溶洞,则不受季节限制。

(8)当隧道与地表水存在水力联系时,为防止地表水增加使隧道受压增大,溶洞处理和施工应该选择在旱季进行。

(9)采用台阶法施工时,上台阶开挖前,先进行超前支护施工,保证施工质量,保障施工安全;上、下台阶开挖施工时,严格控制循环进尺,采用短进尺、弱爆破、多循环的方案;支护施工紧跟开挖,拱部及边墙在开挖后及时进行,确保施工安全;上、下台阶开挖支护完成后,根据监测情况适时安排衬砌施工,确保安全;下台阶开挖时,留设边墙马口,开挖分侧进行,单侧超前不少于 10 m。

(10)在爆破钻孔作业前,必须探明开挖工作面前方一定范围内的地质情况,避免因为对爆破后的隧道地质情况缺乏正确地了解而发生涌水、塌方等事故,造成人员和机械被水冲毁或者被埋压等事故;爆破起爆前应确保爆破区内无关人员和机械全部撤离到安全地带,防止爆破产生的飞石、气流对人体造成伤害或对机械造成损伤。

(11)隧道进行爆破开挖时,严格控制开挖进尺,减少围岩位移,采取多打孔、打浅孔、小药量爆破,减少对围岩的扰动,确保隧道开挖稳步推进。

(12)施工前,应了解隧道区域范围内地表水、出水地点的情况,有条件时采取地表注浆等措施对地表进行必要的处理,防止施工过程中发生突水、突泥事故。

(13)当隧道只有一侧遇到溶洞时,应先开挖该侧,待支护完成后再开挖另一侧。

(14)施工中必须检查溶洞顶板,及时处理危石。当溶洞较大较高时,应采取高处作业的安全措施。

(15)溶洞处理应根据设计文件要求,结合现场实际情况,采取下列引排水、填堵、跨越、绕行等措施:

①当溶洞有水流时,在查明水源流向及其与隧道位置关系后,应采用钻孔排水降压方式处理。排水降压应留有足够厚度的隔水岩盘,确保安全。

②对已停止发育、跨径较小、无水的溶洞,应根据其与隧道相交的位置及充填情况,采用混凝土、浆砌片石等材料封堵。拱顶以上的空溶洞应采用喷锚支护加固,或加设护拱并对空腔回填处理。

③当溶洞较大较深时,可根据实际情况采用跨越方式处理。

④当溶洞较大较深且短期处理难度很大时,可采用迂回导坑绕过溶洞区,继续进行隧道施工,在不影响正常施工的情况下再处理溶洞。

(16)岩溶地区隧道的初期支护和二次衬砌应根据溶洞情况予以加强。二次衬砌施工前,应重点检查拱部、底板、侧边墙一定范围内是否存在有害空洞,并采取措施处理,保证工程质量。

第三节　富水软弱破碎围岩隧道施工安全技术与风险控制

一、风险分析

富水软弱破碎围岩的特点是岩体结构松散、稳定性差,在施工过程中极易发生严重的坍塌事故。在富水软弱破碎围岩隧道施工中,为减少对围岩的扰动,常用办法是先对隧道进行支护而后开挖,然后密闭支撑,边挖边封闭。

在富水软弱破碎围岩隧道施工中,除了具有一般隧道所具有的风险外,还主要存在以下风险:

(1)隧道施工前,若未进行必要的注浆加固、降低水位等技术措施,可能造成隧道坍塌冒顶事故。

(2)施工过程中发现异常时,若未立即停工处理,可能造成严重的隧道坍塌事故。

(3)若监控体系失效、支护参数调整不及时,可能造成坍塌冒顶事故。

(4)衬砌背后的排水盲管(沟)未作顺畅导流,地下水可能在衬砌背后积聚对其形成压力,从而造成坍塌事故,也可能损坏衬砌。

(5)若隧道内排水设施不完善,洞内积水不能及时排出,在隧道内积聚易造成洞内道路泥泞,甚至浸泡损坏施工设备;积水可能对供电线路造成影响,易漏电导致施工人员触电。

(6)向岩体插入钎、管等构件对隧道进行超前支护时,若正对构件,钎、管突然折断或崩出的岩石可能对施工人员造成打击伤害。

(7)隧道内焊接设备若安放不当,因淋水短路可能损坏设备,甚至造成施工人员的触电伤害。

二、风险控制重点

(1)隧道施工前,严防不进行注浆加固、降低水位等不安全行为。

(2)施工过程中发现异常时,杜绝不立即停工处理的不安全行为。

(3)严防监控体系失效的不安全状态。

(4)杜绝对衬砌背后的排水盲管(沟)不作顺畅导流的不安全行为。

(5)超前支护时,杜绝正对构件的不安全行为。

三、风险控制技术措施

(1)隧道施工前,必须根据地质条件、埋深及地下水情况,选用地表注浆、超前帷幕注浆、降低地下水位等技术措施进行处理,评估达到要求后方可开挖。

(2)在隧道掘进过程中如果遇到承压水地段,可以在衬砌背后修建排水管道,管道需顺畅地连接排水沟,防止地下水在衬砌背后聚集对衬砌形成压力导致衬砌坍塌引发事故;若不容许衬砌排水,可以修建抗水压衬砌,保证衬砌不致坍塌、漏水。

(3)隧道施工过程中,一旦发现浑水、携带泥沙、顶钻、高压喷水、水量突然增大等异常情况,应立即停止施工,进行紧急排水处理并寻找原因,及时采取措施控制出水量。

(4)为保证隧道开挖过程中工作面的稳定不坍塌,可进行超前支护。超前支护的类型有:

①悬吊式超前锚杆:在爆破前,将超前锚杆或小钢管打入掘进前方稳定岩层内,末端支撑在拱部围岩内专为超前锚杆提供支点的径向悬吊锚杆上,或支撑在作为支护的结构锚杆上,使其约束、支护掘进进尺范围内顶拱部上方,从而使围岩在爆破后不发生松弛坍塌。进行悬吊式超前支护时,应当对悬吊锚杆和结构锚杆进行质量检测,确保支护结构强度达到设计要求,避免施工过程中坍塌掉落;对焊接的锚杆和钢管进行焊接检测,避免支护过程中开裂折断,导致坍塌事故。

②格栅拱支撑超前锚杆:将超前锚杆或小钢管的末端支撑在格栅拱支撑上,保证围岩的稳定性。格栅拱支撑超前支护时,要确保架设质量和拱脚处的地基有足够的承载力,避免格栅拱倒塌。

③超前管棚法:使用外径为 40 mm、80 mm、108 mm 或其他直径的无缝或普通焊接钢管插入围岩,一般在软弱的地层可直接顶入或借助机械如凿岩机、液压钻将管顶入末端开挖的地

层中。

④超前小导管预注浆法:将钢管前端作成尖楔状,在管前部 2.5~4 m 范围内按梅花形布置,钻好直径为 6 mm 的注浆孔,以便钢管进入岩层后对岩层进行预注浆。

(5)隧道施工时应按设计及时施作初期支护,加强初期支护的强度,尽早闭合成环。

(6)建立有效的监控体系,及时埋设监控量测点,并取得基准值,按要求开展监控量测;及时根据量测结果,评价支护的可靠性和围岩的稳定性,调整支护参数,确保施工安全。

(7)衬砌背后的排水盲管(沟)必须顺畅地连接到隧道排水沟,防止地下水在衬砌背后积聚对其形成压力。

(8)洞内涌水对周边环境影响较大时,宜采用注浆堵水措施。当隧道埋深在 20 m 以内时,可采用地表注浆;当隧道埋深超过 20 m 时,宜采用开挖工作面预注浆。

第四节　风积沙和含水砂层隧道施工安全技术与风险控制

一、风险分析

风积沙是指在风化作用下形成的土壤,一般是松散堆积的状态,没有黏聚力,级配不良,而且抗剪强度低,稳定性差,极易在受到扰动后发生坍塌事故。当埋深较浅时,常伴随隧道开挖产生地表横向及纵向裂缝,当洞的积砂发生严重的滑砂、漏砂现象时,地表会形成规则的漏斗状地貌,导致衬砌结构变形速率快、变形量大,施工难度大。因此,在风积沙地层修建隧道时,制定的施工方案特别注重施工的安全性和结构的耐久性、稳定性。

含水砂层因为含水量大,极易发生涌水、坍塌事故,伴随着大量的砂石涌出,给施工带来困难。含水砂层的施工往往采用浅埋暗挖法,使用地层加固技术来加固隧道围岩,以提高围岩的稳定性,降低围岩的渗透性,并减少开挖导致的地面下沉,从而保证隧道开挖的顺利进行。

在风积沙和含水砂层中修建隧道,除了具有一般隧道所具有的风险外,还主要存在以下风险:

(1)若防水方法不当,可能造成隧道坍塌事故,或给运营留下安全隐患。

(2)若风积沙层隧道开挖未严格遵循“先加固、后开挖”的原则,含水砂层隧道开挖未严格遵循“先治水、后开挖”的原则,可能造成隧道坍塌冒顶事故。

(3)开挖时,若拱部支护下沉量监测不及时,可能造成隧道坍塌事故。

(4)未做到遇缝必堵,使砂粒从支护缝隙中漏出,可能因衬砌后面空洞而造成坍塌或遗留安全隐患。

(5)排水时,若无过滤措施,砂粒被排走可能引起隧道坍塌事故。

二、风险控制重点

(1)风积沙层隧道施工中,严防开挖前未进行加固的不安全行为。

(2)含水砂层隧道施工中,严防开挖前未治水的不安全行为。

(3)杜绝任由砂粒从支护缝隙中漏出的不安全状态。

(4)杜绝排水无过滤措施的不安全状态。

三、风险控制技术措施

(1)隧道通过含水砂层时,应将防水工作放在首位,可采用注浆、冻结等方法排水。注浆过程中,每一循环结束后应采取一定手段检验注浆效果,确保达到一定支护强度后方可开始进行下一循环,避免围岩掉落甚至坍塌造成人员和机械被埋压事故。

(2)风积沙和含水砂层隧道的开挖应符合下列规定:

①风积沙层隧道开挖应遵循“先加固、后开挖”的原则;含水砂层隧道开挖应遵循“先治水、后开挖”的原则。

②风积沙和含水砂层隧道根据其断面大小,应采用交叉中隔壁法、中隔壁法或台阶法开挖,并应严格控制一次循环进尺长度。

③开挖时应及时监测拱部支护的实际下沉量,当预留变形量过大或不足时,应及时调整。

(3)风积沙和含水砂层隧道的支护应符合下列规定:

①可采用注浆方法固结砂层,以插板作超前支护,也可采用密排超前小导管法和超前大管棚法。密排超前小导管法适用于对地表沉降无严格要求或部分洞身穿越风积沙层的隧道;超前大管棚法适用于对地表沉降无严格要求的风积沙层隧道拱部。

②支护应及时,边挖边喷射混凝土封闭,遇缝必堵,严防砂粒从支护缝隙中漏出。

(4)含水砂层开挖地段,应采用排水管或其他设施将水引至已二次衬砌地段排出洞外。排水时,应采取过滤措施,防止砂粒被排走引起隧道坍塌。

(5)风积沙和含水砂层隧道的二次衬砌应及早施作。

第五节　瓦斯隧道施工安全技术与风险控制

一、风险分析

当隧道施工通过地质预报或施工监测表明隧道内存在瓦斯时,即可定为瓦斯隧道,应及时联系设计单位对隧道重新进行勘测地质、组织施工方案。瓦斯隧道施工应建立专门机构进行通风、防突、防爆以及瓦斯检测工作,设置消防设施,编制专项应急预案。开工前必须对施工作业人员和管理人员进行专项安全技术培训。瓦斯隧道因其高风险性,对用电、炸药的使用都有着严格要求,作业人员必须持证上岗。

瓦斯隧道施工,除了具有一般隧道所具有的风险外,还主要存在以下风险:

(1)若超前地质预报不准确,可能因大量瓦斯突出造成爆炸事故。

(2)若应急救援预案不切实际,操作性不强,应急演练不到位,在发生瓦斯爆炸时可能因错误的应急救援而造成伤害范围扩大。

(3)若安全教育培训不到位、安全交底流于形式,可能造成意外人身伤害。

(4)若违章不携带自救器,违章携带烟草和点火物品,违章穿化纤衣服等,可能引发瓦斯爆炸事故。

(5)如果瓦斯安全检测仪器缺乏或失效,可能因错误预报瓦斯含量而造成意外爆炸事故。

(6)爆破作业未严格执行“一炮三检制”和“三人连锁爆破制”,可能导致爆炸事故。

(7)若忽略瓦斯浓度,可能导致瓦斯爆炸事故。

(8)若违章使用火雷管,可能因意外产生火花而导致瓦斯爆炸事故。

(9)遇异常情况(如炮孔内发现异状、温度骤高骤低、有显著瓦斯逸出、煤岩松动等)仍继续装药爆破,可能导致瓦斯爆炸、隧道坍塌等事故。

(10)若照明措施不当,可能导致意外瓦斯爆炸事故。

(11)发生瓦斯爆炸事故后,若救护措施不当,可能造成伤亡范围扩大。

二、风险控制重点

(1)杜绝安全意识淡薄的作业人员进入瓦斯隧道施工,以免因麻痹大意而引发瓦斯爆炸。

(2)加强安全检查,排查安全隐患,对存在的问题进行及时整改,杜绝安全检查和整改流于形式的不安全行为。

(3)加强安全监督,杜绝进入隧道内的作业人员的违章行为。

三、风险控制技术措施

(一)瓦斯隧道超前地质预报方法

结合隧道的地质条件,超前地质预报工作采用由面到点、长短结合、地面调查与洞内预报相结合、定性与定量相结合的方法。根据区域地质资料和设计文件,结合现场实际情况,制定预报方案。针对不同地段的工程地质情况进行地质预报重要性分级,不同级别的地段采取不同的预报手段,以达到预报的准确性。

采用地质调查法、电磁波反射法确定瓦斯地层分布位置、厚度;采用超前钻探孔内测试确定隧道开挖工作面前方地层瓦斯浓度及其变化。在钻进时,利用冲击钻具钻至瓦斯地层的大致里程后,改用双管取芯钻具进行钻进,以确定瓦斯地层的起止里程。在富含瓦斯的煤系地层中,采用长短结合的钻孔方案可提前将岩体中的瓦斯气体逐渐释放出来。瓦斯浓度探测及隧道洞内瓦斯浓度监测必须由具有专业资质的人员进行。

长距离预报主要采用地质分析法,根据地面测绘和其他基础资料对隧道通过区的地质界线、地层岩性、地质构造、围岩级别、岩溶发育规律及特征、瓦斯地层的分布、其他不良地质及特殊地质发育情况进行长距离、宏观预测预报,分析和把握主要瓦斯地层分布范围、在隧道内出露的大致里程等,从而制定合理的预报方案,预报距离一般在掌子面前方 200 m 以上。

中长距离预报是在长距离预报的基础上采用地震波反射法或声波反射法、深孔水平钻探等对掌子面前方 30~200 m 范围内的地质结构进行进一步探明,对瓦斯地层的位置、规模等作出更为准确地预报。

短距离预报是在中长距离预报的基础上采用掌子面素描、红外探测、地质雷达和超前钻孔等方法进行预报,如探明掌子面前方 30 m 范围内的地层岩性、地质构造、不良地质及地下水出露情况等,对可能有瓦斯突出、地层瓦斯逸出和其他不良地质情况等进行钻孔验证。

根据以上分析,建议采取“以地质法为基础、以物探法为主要手段,超前钻孔和瓦斯浓度监测相结合”的综合方法实施瓦斯隧道超前地质预报。

(二)瓦斯隧道施工管理基本原则

(1)瓦斯隧道在施工前,必须编制实施性施工组织设计和应急救援预案,其主要内容应包括施工通风设计、预防瓦斯突出的措施和揭煤方法。应配备必要的急救器材、装备和药品,定期组织隧道防灾、救灾演习。

(2)瓦斯隧道施工应建立专门机构进行通风、防突、防爆及瓦斯检测工作，设置消防设施。

(3)瓦斯隧道开工前，必须对施工作业人员及管理人员进行安全技术培训。进洞作业人员按工种必须进行三级教育，即岗位教育、进洞教育和工序(工班)教育。爆破工、电工、瓦斯检测人员等必须持证上岗。

(4)瓦斯隧道的施工单位应建立救护队伍。救护装备和救护车辆不得用于救护以外的其他工作。

(5)施工使用涉及安全生产的机电产品，必须经过防爆安全检验并取得安全标志。

(6)建立进洞检查制度和出入洞人员清点制度，进洞人员必须随身携带自救器，严禁携带烟草和点火物品，严禁穿化纤衣服。安全出口应经常清理、维护、保持畅通。

(7)洞内施工应采取湿式钻孔，爆破喷雾，装岩洒水等综合防尘措施。

(8)每道工序开工前，班组长必须对现场安全进行检查、确认，无危险时人员才能进入作业面。

(9)在洞内施工作业面附近必须配备通信设备。

(10)必须配有足够数量的瓦斯安全检测仪器，并由国家授权的安全仪表计量单位进行检验。

(11)瓦斯隧道通风系统采用专用变压器，专用开关，专用线路供电。

(12)按规定装备安全监控系统。

(13)制定防火措施，隧道内不得从事电焊、气焊等作业，如必须进行，必须制定严格的安全技术措施。

(14)爆破作业必须严格执行"一炮三检制度"。

(三)瓦斯隧道施工安全技术措施

1. 瓦斯检测

瓦斯隧道施工必须建立瓦斯检测制度，并遵循下列规定：

(1)必须设立专职检查员。

(2)安全总监、安全监察工程师进入隧道，必须携带便携式甲烷检测报警仪或便携式光学甲烷检测仪；瓦斯检查员进入隧道，必须携带便携式光学甲烷检测仪。

(3)所有工作面及通风效果不良地段都应纳入检查范围，并检查到顶部。

(4)瓦斯浓度检查频次应符合下列规定：

①低瓦斯工区每班至少检查2次。

②高瓦斯工区每班必须至少检查3次。

③有煤与瓦斯突出危险的施工作业地段，瓦斯突出较大、变化异常的作业地段，应设专人经常检查。

④长期停工后重新复工的作业面，隧道塌方后开始处理前必须进行检查。

(5)瓦斯检查员必须执行瓦斯巡回检查制度，建立检查台账，并执行日报制度。瓦斯日报必须报送队长和技术主管审阅，并通报通风班长。瓦斯浓度达到或超过规定时，瓦斯检查员有权责令现场人员停止工作，并撤到安全地点。

(6)安全主管部门应定期对瓦斯工区的瓦斯检测工作进行检查。

(7)检测瓦斯用的仪器、设备必须定期进行调试、校验，发现问题应及时处理。凡经大修的仪器，必须经计量检定合格后方可使用。

2. 进洞要求

瓦斯工区进洞人员应遵守下列安全规定：

(1)进入瓦斯隧道的人员必须在洞口登记，并接受安全检查。

(2)严禁穿着易产生静电的服装进入瓦斯工区。

(3)进入瓦斯突出工区的作业人员必须携带个人自救器。

3. 施工作业

瓦斯隧道施工作业应符合下列规定：

(1)当爆破作业面附近20 m以内风流中瓦斯浓度达到1%时，必须停止钻孔作业；当瓦斯浓度达到1.5%时，必须停止一切作业，撤出工作人员，切断电源，采取措施进行处理。

(2)电动机附近20 m以内风流中瓦斯浓度达到1.5%时，必须停止运转，撤出人员，切断电源进行处理。

(3)当瓦斯积聚体积大于0.5 m^3、浓度大于2%时，附近20 m内必须停止工作，撤出人员，切断电源进行处理。

(4)因瓦斯浓度超过规定的允许值而切断电源的电气设备，必须在瓦斯浓度降到1%以下时，方可复电启动机器；使用瓦斯自动检测报警断电装置的开挖工作面，必须人工复电。

(5)低瓦斯工区洞内任意处瓦斯浓度超过0.5%时，应加强通风监测。

(6)开挖后应及时进行喷锚支护，封闭围岩，堵塞岩隙，防止瓦斯继续逸出。

4. 爆破作业

瓦斯工区钻爆作业应符合下列规定：

(1)应采用光面爆破技术避免瓦斯积聚；必须采用湿式钻孔。

(2)应执行“一炮三检制”和“三人连锁爆破制”。

(3)瓦斯工区爆破作业必须使用煤矿许用炸药，并应符合下列规定：

①低瓦斯工区岩层掘进，应使用安全等级不低于一级的煤矿许用炸药。

②低瓦斯工区揭煤和煤层、半煤层掘进，应使用安全等级不低于二级的煤矿许用炸药。

③高瓦斯工区爆破，应使用安全等级不低于三级的煤矿许用炸药。

④有煤与瓦斯突出危险的地段爆破，应使用安全等级不低于三级的煤矿许用含水炸药。

⑤禁止使用黑火药和冻结、半冻结的硝化甘油类炸药。同一工作面不应使用不同品种的炸药。

(4)瓦斯工区爆破应使用煤矿许用瞬发电雷管或煤矿许用毫秒延期电雷管，并应使用防爆型发爆器起爆，严禁使用火雷管。使用煤矿许用毫秒延期电雷管时，最后一段的延期时间不得超过130 ms。

(5)瓦斯工区爆破必须使用炮泥填塞炮孔，填塞材料应用黏土或不燃性材料。炮孔的装药及填塞应符合下列要求：

①装药前应清除炮孔内的煤(岩)粉。

②炮孔深度小于0.6 m时，不应装药爆破；特殊情况下，必须采取安全措施并封满炮泥。

③炮孔深度为0.6~1.0 m时，封泥长度不应小于炮孔长度的1/2；炮孔深度大于1.0 m时，封泥长度不应小于0.5 m；炮孔深度大于2.5 m时，封泥长度不应小于1.0 m；光面爆破时，周边炮孔应用炮泥封实，且封泥长度不小于0.3 m。

④工作面有2个或2个以上自由面时，最小抵抗线在煤层中不得小于0.5 m，在岩层中不

得小于 0. 3 m。浅眼装药爆破大岩块时,最小抵抗线和封泥长度均不得小于 0. 3 m。

⑤炮孔用水炮泥封堵时,水炮泥外剩余的炮孔部分应用黏土炮泥封实,其长度不小于 0. 3 m。

(6)装药前应进行检查,有下列情况之一时不应装药爆破:

①炮孔内发现异状、温度骤高骤低、有显著瓦斯逸出、煤岩松动等。

②在距爆破地点 20 m 内堆放的机具设备、石渣、材料等堵塞坑道断面 1/3 以上。

③工作面风量不足。

(7)爆破前,爆破母线必须扭结成短路,并包覆绝缘层。起爆前,由经过专门培训的爆破工由爆破工作面向起爆站依次进行连接。

5. 煤与瓦斯突出

防治煤与瓦斯突出应符合下列规定:

(1)接近突出煤层前,必须对设计标示的各突出煤层位置进行超前探测,标定各突出煤层准确位置,掌握其赋存情况及瓦斯状况。

(2)施工时,至少选用下列 5 种方法中的 2 种对突出危险性进行预测,并相互验证:①瓦斯压力法;②综合指标法;③钻屑指标法;④钻孔瓦斯涌出初速度法;⑤"R"指标法。

(3)应根据地质情况、煤与瓦斯赋存情况、隧道施工方法等选用钻孔排放、抽放、水力冲孔、金属骨架等措施。

(4)防突措施实施后,必须进行效果检验。

6. 石门揭煤

石门揭煤应符合下列规定:

(1)参加揭煤的施工人员必须携带自救器。

(2)在有瓦斯突出的煤层揭煤,爆破时所有人员必须撤到洞外。

(3)应加强通风管理,开挖面应有足够的新鲜空气。

(4)当瓦斯压力为 0. 6~1. 0 MPa 时,可采用振动爆破法。

(5)揭煤前应清理洞口和通风机房周围 50 m 范围内一切火源。

7. 煤层段掘进与支护衬砌

煤层段掘进与支护衬砌应符合下列规定:

(1)应控制循环进尺,在全煤层中掘进必须采用煤矿电钻钻孔,应少钻孔、少装药。

(2)在半煤半岩地层中掘进应在岩石炮眼中装药,煤层需爆破时,必须采用松动爆破。

(3)在软弱破碎岩层或煤层中掘进,应采用超前支护或预注浆,防止坍塌或瓦斯突出。

(4)爆破后应及时喷锚支护,及早施作二次衬砌,及时封闭围岩,减少瓦斯积聚。

(5)仰拱应及早施工,保证拱、墙、仰拱衬砌能形成闭合结构。

(6)煤系地层段的二次衬砌应预留注浆孔,二次衬砌完成后应及时注浆,充填空隙,减少瓦斯积聚。

8. 施工通风

瓦斯隧道的施工通风应符合下列规定:

(1)瓦斯隧道的施工组织设计中,应编制全隧道和各工区的施工通风设计,并考虑各工区贯通后的风流调整和防爆要求。隧道施工的任何作业面不应存在通风盲区。

(2)瓦斯隧道通风设施应保持完好。调节、迁移、拆除通风设施的工作,应由通风管理人员担任。

(3)瓦斯隧道各开挖工作面必须独立通风,严禁任何两个工作面之间串联通风。

(4)瓦斯隧道通风遇有下列情况之一时,应制定处理措施:①主要风机停转;②通风系统遭受破坏;③开挖工作面停风;④打开封闭区。

(5)洞内供风量应通过计算确定,且每人供风量不得小于 4 m^3/min。

(6)瓦斯隧道的主风机应有两条独立的供电线路,并装设风电闭锁装置。

(7)必须配置一套同等性能的备用通风机,并经常保持良好的使用状态。

(8)应采用抗静电、阻燃的通风管。

(9)临时停工地段不得停风,停风时应切断电源并设置栅栏与警告牌,人员不得进入。

(10)隧道贯通后,应继续通风,防止瓦斯局部积聚。

9. 用电设备与作业机械

隧道内非瓦斯工区和低瓦斯工区的电气设备与作业机械可使用非防爆型,其行走机械严禁驶入高瓦斯工区和瓦斯突出工区。高瓦斯工区和瓦斯突出工区的电气设备与作业机械必须使用防爆型。

瓦斯隧道照明与电气信号设备应符合下列规定:

(1)低瓦斯隧道不应大于 220 V,高瓦斯隧道和瓦斯突出隧道不应大于 110 V。

(2)输电线路不得使用裸线和绝缘不良的导线。

(3)高瓦斯隧道和煤与瓦斯突出隧道,照明电器应使用防爆型,开关应设在进风道或洞口。

(4)矿灯充电房应离洞口 50 m 以外。

(5)瓦斯隧道内的电气信号,除信号集中闭塞外,应能同时发声和发光。

(6)竖井、斜井主要井口绞车的信号装置应直接接在供电线路上,不应分接其他负荷。

(7)隧道内的电话线路严禁利用大地作回路。

10. 防火

瓦斯隧道的防火应符合下列规定:

(1)洞口 20 m 范围内严禁火源。

(2)洞内严禁产生高温和发生火花的作业,洞内不得进行电焊、气焊、喷灯焊等作业,确需用焊时必须有相应的安全措施。

(3)洞内严禁使用可燃性材料搭设临时操作间和休息室,暖风道、压入式通风的风洞必须用不燃性材料砌筑,并应至少装设两道防火门。

(4)在有自燃倾向的煤层中施工时,必须事先制定专项的安全措施,预防煤层自燃。

(5)瓦斯工区必须在洞外设置消防水池和消防用砂,水池中应经常保持不少于 200 m^3 的储水量,并保持一定的水压。

(6)瓦斯工区内必须设置消防管路系统,并每隔 100 m 设置一个阀门。作业区内设置灭火器及消防设施,并保持良好状态。

(7)洞内发生火灾时,应根据火灾的性质、灾区通风和瓦斯状况,立即采用一切可能的方法直接灭火。

(8)当洞内火灾不能直接扑灭时,必须封闭火区,直到经过取样分析,确认火灾已经熄灭后方可启封,启封火区应逐段恢复通风。当测出风流中含一氧化碳或有其他复燃征兆时,必须立即停止向火区送风，并重新封闭火区。

(9)启封火区和火区初期恢复通风的工作必须由专业的救护队负责进行，火区内风流所经过的巷道内的人员必须全部撤出。

(10)启封火区完毕后 3 d 内，每班由救护队检查通风工作，并测定水温、气温和空气成分，确认火灾完全熄灭、通风等情况良好，方可恢复施工。

11. 事故救护

瓦斯隧道的救护工作应符合下列规定：

(1)瓦斯隧道应备有急救和抢救设备，并指定专人保管，经常保持其良好状态，急救和抢救设备不得挪作他用。

(2)高瓦斯和瓦斯突出工区应配备救护队，在事故发生时非救护队成员不得进洞抢救。

(3)救护队必须在统一指挥下开展抢救工作，严禁个人单独行动。

(4)事故处理救护基地应设在安全区附近新鲜风流中的安全地带。

(四)瓦斯隧道施工安全管理检查要点

1. 瓦斯隧道开挖

(1)审批开挖施工及安全方案。采用钻爆法施工时应审查钻爆设计，还应注意审查以下内容：①安全管理制度及机构设置是否符合有关安全规程规定；②上岗人员资质及安全培训考核情况；③施工通风设计及瓦斯监控手段和方案。

(2)熟悉相关设计文件，认真进行施工图纸现场核对。

(3)瓦斯隧道钻爆作业检查要点包括：①检查炸药及电雷管等火工用品是否符合钻爆设计；②抽查装药、封堵、爆破网络连线施工作业；③爆破前检查爆破地点瓦斯浓度；④爆破后检查爆破地点通风、瓦斯浓度、煤尘等情况。

2. 瓦斯隧道防突

(1)检查施工单位超前探测与瓦斯突出危险性预测方案，瓦斯突出危险性预测的方法和临界指标应符合《铁路瓦斯隧道技术规范》(TB 10120—2002)的要求。

(2)检查超前钻孔位置、钻探记录和岩芯。

(3)检查施工、试验检测记录。

(4)检查施工单位防治瓦斯突出的措施与效果。

①确定有瓦斯突出危险时，应要求施工单位制定包括技术、组织、安全、通风、监测、抢险、救护等技术组织措施，并进行审批和检查落实情况。

②审批瓦斯钻孔排放施工设计方案。

③防突措施实施后，检查施工单位进行的效果检验，以确认防突措施是否有效。防突措施效果检验方法、指标及临界值应根据实测数据确定或按现行《铁路瓦斯隧道技术规范》(TB 10120—2002)要求进行，防突措施无效时应采取补充防突措施。

3. 施工通风

(1)审批施工通风设计及方案。

(2)检查通风及监测人员的在岗情况，保证通风监测系统运行正常及监测记录真实。

(3)检查临时性停电停风组织、安全技术措施、管理制度。

(4)检查通风、瓦斯监测制度及瓦斯监测日报表。

(5)定期检查瓦斯监测设备的维修、保养及标定记录。

(6)针对有瓦斯积聚可能的重点部位,进行瓦斯浓度的随机独立监测,并做好记录,每天不少于3次。

4. 电气设备与作业机械

(1)检查电气设备与作业机械的防爆性能、操作性能、供电电源、电源线路、电压、电缆的选用和敷设是否满足现行《铁路瓦斯隧道技术规范》(TB 10120—2002)的要求。

(2)检查机电设备管理制度和电工、爆破工、瓦斯检测人员、电气设备防爆检查员及仪器、仪表校正人员等特种作业人员培训、持证上岗情况。

5. 瓦斯隧道防火

(1)检查消防水池设置和消防用砂备料情况。

(2)检查防火措施的落实情况。

(3)检查作业人员登记簿,抽查个人自救器携带情况。

6. 支护

(1)审批支护施工方案,在辅助坑道与正洞的交界地段,支护措施应加强。

(2)检查喷射混凝土工艺,瓦斯隧道喷射混凝土应采用湿喷工艺。

(3)检查喷射混凝土厚度。

7. 衬砌

(1)审批衬砌施工方案。

(2)检查瓦斯隔离板(防水板)的出厂合格证、试验报告,各项试验指标应满足设计要求。

(3)检查支护表面,应将外露的锚杆头、钢筋头等切除,应无坑洼及岩石突出,将凸凹不平的部位进行修凿抹平。

(4)检查瓦斯隔离板(防水板)的挂设、搭接长度、焊接质量,应符合设计要求。

(5)检查围岩和初期支护变形量测记录,变形基本稳定后,应及早施作二次衬砌,封闭瓦斯。

8. 防排水

(1)审批施工单位防排水施工方案。

(2)检查塑料防水板、橡胶止水带、盲管(沟)等原材料的产品合格证、试验报告,并进行平行或见证取样检测。

(3)检查盲管(沟)、水气分离装置的布置位置、间距、连接质量及综合排水、排气效果。

(4)检查衬砌施工缝防水处理及留置位置。

(5)检查止水带安装及连接质量。

(6)检查变形缝处止水带的安装位置及接头处的连接是否牢固。

9. 耐腐蚀气密性混凝土

(1)检查耐腐蚀气密剂的出厂合格证、试验报告,各项试验指标应满足设计要求。

(2)检查耐腐蚀气密剂掺量是否符合设计用量。

(3)检查水泥用量及种类,水泥应采用普通硅酸盐水泥。

(4)检查粗细骨料,选用标准应满足《铁路瓦斯隧道技术规范》(TB 10120—2002)的要求。

(5)检查耐腐蚀气密性混凝土施工要点及技术措施。

10. 辅助坑道及附属洞室

(1)辅助坑道封闭前要按设计要求认真检查排水设施是否完善,要与隧道的排水设施相连通形成完整统一的排水系统。

(2)抽查横洞、斜井的封闭以及与正洞连接处的封闭质量。

(3)检查横洞、斜井的位置、通风方式。

第六节　岩爆隧道施工安全技术与风险控制

一、风险分析

岩爆是深埋地下工程在施工过程中常见的动力破坏现象。当岩体中聚积的高弹性应变能大于岩石破坏所消耗的能量时,破坏了岩体结构的平衡,多余的能量导致岩石爆裂,使岩石碎片从岩体中剥离、崩出。岩爆多发生在埋藏很深、整体、干燥和质地坚硬的岩层中。常见的岩爆大多发生在隧道顶部或拱腰部位为新开挖的工作面附近,一般在开挖后几个小时内发生,也有的在开挖后较长时间内才发生。岩爆的发生没有明显征兆,无空响的岩石一般认为不会发生掉落,但也可能突发坍塌,掉落的石块通常是中间厚、边缘薄、不规则的片状石块。岩爆与断层、节理构造密切相关,当掌子面与断裂或节理走向平行时,极容易触发岩爆。岩体中节理密度和张开度对岩爆有明显的影响。掌子面岩体中有大量岩脉穿插时,也可能发生岩爆。在我国,曾多次发生岩爆事故。例如,2013 年 10 月 9 日 16 时 35 分左右,云南省贡山县独龙江公路隧道内发生岩爆事故,造成岩石坍塌,3 名施工人员不幸被坠落的岩石砸伤,由于伤势过重,经全力抢救无效不幸遇难。

相比于一般的隧道施工,岩爆隧道施工还具有如下主要风险:

(1)强烈岩爆地段,若不采用即时受力锚杆并同时挂设钢筋网或柔性防护网,无法对岩石进行锚固等作用,极易发生岩爆落石而造成施工人员伤亡。

(2)若爆破方法选择不当,隧道周壁不圆顺,使得应力易集中,从而导致岩爆。

(3)若采用人工喷射混凝土,可能使作业人员遭到塌方落石伤害。

(4)施工机械操作部位前若无防护,作业人员易被岩爆弹射出的岩块砸伤。

二、风险控制重点

(1)严防未及时施作即时受力锚杆、未及时挂设钢筋网或柔性防护网的不安全行为。

(2)杜绝不采用控制爆破(须采用光面爆破或预裂爆破技术)的不安全行为,杜绝装药量过大的不安全行为。

(3)人工喷射混凝土时,杜绝人身安全防护措施不到位的不安全状态。

(4)严防施工机械重要部位无防护钢板的不安全状态。

三、风险控制技术措施

(1)隧道施工中可能发生岩爆时,应对开挖工作面前方的围岩特性、水文地质情况等进行预测、预报。

(2)中等以上岩爆隧道,应选择以机械作业为主的施工方案,采用凿岩台车钻孔,用机械手喷射混凝土。

(3)施工机械重要部位应加装防护钢板,避免岩爆弹射出的岩块伤及作业人员或砸坏施工设备。

(4)中等岩爆地段,应在隧道开挖断面轮廓线外 10~15 cm 范围的边墙及拱部钻设注水孔,并向孔内灌高压水,软化围岩,加快围岩内部的应力释放。

(5)强烈岩爆地段,应采用即时受力锚杆,同时挂设钢筋网或柔性防护网,防止岩爆落石。应在开挖工作面上钻应力释放孔或掘进小导洞,使岩层中的高地应力部分释放,再进行隧道的开挖;应采用超前锚杆预支护,锁定开挖面前方的围岩。

(6)岩爆隧道的施工应符合下列规定:

①开挖循环进尺应根据岩爆地段的具体情况控制,并不应过大。

②采用光面爆破或预裂爆破技术,使隧道周壁圆顺,降低岩爆发生的强度。

③采用机械手进行网喷纤维混凝土。

④在拱部及边墙布置预防岩爆的短锚杆,锚杆长度为 2 m 左右,间距为 0.5~1.0 m,挂网喷射纤维混凝土。

(7)隧道施工中,一旦发生岩爆,应立即采取下列处理措施:

①停机待避,待检查确认安全后进行开挖工作面的观察记录,如岩爆的位置、强度、类型、数量以及山鸣等。

②增设摩擦式锚杆(不能替代系统锚杆),锚杆应装垫板。

③及时增喷纤维混凝土,厚度宜为 5~8 cm。

第七节 膨胀性和挤压性围岩隧道施工安全技术与风险控制

一、风险分析

膨胀性围岩多出现在干燥的土质膨胀性岩层,岩质坚硬,易脆裂,存在明显的垂直和水平张开裂缝,裂缝的宽度随裂缝的深度逐渐减少以至消失,膨胀性岩层黏土颗粒含量很高,塑性指数大,土的结构强度高,多为中等压缩土。深埋隧道在地质较为复杂的地段开挖时,受到高地应力的影响,挤压围岩使其发生大变形,即可判断该隧道为挤压性围岩隧道。挤压性围岩隧道的围岩有变形速度快、变形值大和变形持续时间长的特点,围岩大变形不仅使支护开裂、洞室失稳,严重时可能导致衬砌开裂、隧道坍塌,严重影响隧道施工安全。

相比于一般隧道施工,膨胀性和挤压性围岩隧道风险体现在:

(1)在软质膨胀岩层,经过断裂、褶皱作用而产生破碎带,开挖暴露后受风化和吸水的影响,易发生体积膨胀或产生衬砌膨胀压力,若支护不到位,易掉落石块,对施工人员造成打击伤害,甚至发生坍塌事故。

(2)当膨胀岩层破碎、节理和裂缝中含有活性矿物成分的黏土时,开挖遇水后易发生膨胀,若支护不到位,易发生坍塌事故。

(3)对于膨胀性围岩和挤压性围岩,爆破开挖对围岩造成的扰动比较大,易发生坍塌事故。

(4)对于膨胀岩层的施工来说,分部开挖采用木支撑时,填塞木易弯曲变形或折断,有发生坍塌、掉落石块的风险。此外,拱部扇形支撑容易扭曲变形,导致纵梁折断,从而发生坍塌事故。

(5)在膨胀岩层衬砌施工过程中,拱脚易发生不同程度的位移,不均匀沉降致使拱脚横撑受力变大,导致其向上弯曲甚至折断,从而引发事故。

(6)若施工用水管理不当,容易使岩面受水浸泡而软化,从而造成坍塌事故。

二、风险控制重点

(1)严防支护不及时、未及时封闭成环的不安全行为。

(2)杜绝爆破开挖的不安全行为。

(3)杜绝施工用水浸泡岩面的不安全状态。

三、风险控制技术措施

(一)地表水的安全处理与施工用水管理

(1)膨胀性围岩浅埋地段,对于地表低洼集水处,应先采取充填黏土隔水,并形成流水坡等措施处理,快速排走地表水。

(2)膨胀性和挤压性围岩隧道施工时,应控制施工用水,加强施工用水管理,防止岩面被水浸泡。

(二)开挖安全要求

(1)应采用机械、人工等非爆破开挖方式,减少对围岩的扰动。

(2)采用钻爆法开挖时,应控制开挖循环进尺和炸药用量,同时应确保开挖断面轮廓圆顺。

(3)开挖后应及时进行支护,封闭暴露的岩体,施作临时仰拱或横撑,支护应尽早封闭成环。

(三)支护安全要求

(1)根据具体情况加大 20~30 cm 的预留变形量,避免因侵入限界而造成初期支护的拆除。

(2)初期支护应做到"先放后抗、先柔后刚",并可分层施作、逐层加强。

(3)膨胀性围岩隧道开挖后应尽快初喷混凝土封闭岩面,控制含水量发生大的变化。

(4)应加强初期支护,采用喷纤维混凝土、长锚杆和钢架组合的支护结构。初期支护应与围岩密贴,保证初期支护与围岩同步受力和变形。

第八节　黄土隧道施工安全技术与风险控制

一、风险分析

解决黄土的湿陷性问题是在我国西部修建铁路的第一要务。湿陷性黄土俗称大孔土,是一种在第四纪时期形成的、颗粒组成以粉粒为主的黄色或褐黄色粉状土,属于非饱和欠压密的土,具有较大的空隙率和较低的干密度,是产生黄土湿陷性的根本原因。在土体的自重应力和附加应力共同作用下,受到水的浸湿时将发生急剧而大量的附加下沉,这种现象称为湿陷性。湿陷性黄土土质松软、不稳定、空隙大,承载力极低,遇水沉落,而且黄土湿陷变形具有突变性、非连续性和不可逆性,施工中易产生变形和坍塌。当湿陷性黄土受到水的浸湿后在自重应力作用下即产生湿陷,称为自重湿陷性黄土。

在湿陷性黄土隧道施工时,有两大问题:一是湿陷性黄土地基的处理;二是黄土隧道开挖后,拱顶及局部应力集中过大,拱顶沉降较大,造成隧道结构易失稳。

相比于一般隧道施工,黄土隧道风险体现在:

(1)水的处理是黄土隧道施工安全的关键,若防排水措施不当,可能使隧道因黄土湿陷性而坍塌。

(2)若采用钻爆法开挖,可能使隧道因受到较大扰动而坍塌。

(3)若机械开挖墙脚、拱脚等隅角处,可能因扰动较大或碰撞而造成隧道坍塌。

(4)若忽视垂直节理,可能因措施不当而造成隧道坍塌。

二、风险控制重点

(1)杜绝防水不严、排水不当等不安全状态。

(2)严防钻爆法开挖的不安全行为。

(3)杜绝机械开挖墙脚、拱脚等隅角处的不安全行为。

(4)加强垂直节理的观察,分析拱顶坍塌的可能性,及时采取措施。杜绝忽视垂直节理分析处理工作的不安全行为。

三、风险控制技术措施

(一)水的处理

1. 洞口水处理

(1)进洞前应按设计做好洞顶、洞门及洞口的防排水系统,排水沟应进行铺砌,防止地表水下渗。

(2)洞门施工应在雨季前完成。

2. 地表降水

(1)对地表冲沟、陷穴、裂缝等应采取回填夯实、填土反压、改变地表水径流等措施,将水排至隧道范围以外。

(2)洞口浅埋段地表冲沟、陷穴、裂缝等,对水的处理除应采用上述方法外,还应用砂浆抹面,避免水流下渗影响结构安全。

(3)根据情况采用井点降水等措施将地下水位降至隧道仰拱底部以下 1. 5 m,确保施工顺利进行。

3. 地下水洞内处理

地层含水量大时,上、下台阶开挖工作面附近应开挖横向水沟,并采用管、槽将水引至隧道中部纵向排水沟排出洞外,避免浸泡拱脚。

4. 洞内施工用水管理

应控制施工用水,初期支护喷混凝土和二次衬砌混凝土均应采用喷雾器喷雾养护取代洒水养护,避免混凝土泌水浸泡黄土隧道基底。

(二)开挖控制

(1)黄土隧道应采用机械和人工配合的开挖方式,不应采用钻爆开挖方式。

(2)根据隧道断面、地质情况应采用台阶法或分部法开挖。

(3)在半岩半土层的隧道爆破时应对拱脚进行加固,同时控制炸药用量,减小爆破对围岩和拱部初期支护的扰动,防止塌方和掉拱。

(4)墙脚、拱脚等隅角处应预留 30 cm 用人工开挖,严禁超挖。

(5)根据不同围岩级别,开挖循环进尺应控制在 0.5~1.5 m。

(6)湿陷性黄土隧道基底可采用树根桩、灰土挤密桩、注浆、换填等处理措施。

(7)施工中当发现突水、异常变形等不安全因素时,应暂停开挖,加强临时支护,调整施工方案。

(三)初支与衬砌

(1)施工中要特别注意观察垂直节理,必要时应采取措施,防止塌方事故发生。

(2)开挖后应立即对隧道周壁及开挖工作面进行喷射混凝土封闭,并及时施作锚杆、钢筋网及钢架。

(3)应在拱脚设置测点,监测拱脚下沉的状态,并在钢架基脚或分部开挖基脚等处设置注浆锁脚锚杆(管),以及设置垫板或采用大拱脚,控制钢架沉降和塌方事故的发生。

(4)锚杆施工应采用煤矿螺旋钻成孔;锚杆应采用药包式或早强砂浆式,各种锚杆必须设置垫板。

(5)临时支护应根据监控量测情况拆除,一次拆除长度不得大于 15 m。

第九节　高原冻土隧道施工安全技术与风险控制

一、风险分析

高原冻土是指零摄氏度以下,并含有冰的各种岩石和土壤。一般可分为短时冻土(数小时/数日以至半月)、季节冻土(半月至数月)以及多年冻土(数年至数万年以上)。地球上多年冻土、季节冻土和短时冻土区的面积约占陆地面积的 50%,其中,多年冻土面积占陆地面积的 25%。冻土是一种对温度极为敏感的土体介质,含有丰富的地下冰。因此,冻土具有流变性,其长期强度远低于瞬时强度。正由于这些特征,在冻土区修筑工程构筑物必然面临两大危险——冻胀和融沉。随着全球气候变暖,冻土在不断退化。

从高原冻土的工程特性来看,相比于一般隧道,高原冻土隧道施工的主要安全风险体现在:

(1)洞口易受到外界气温影响,若洞口段施工时不注意保温,可能引起坍塌事故。

(2)开挖后围岩表面若未及时封闭,可能因表层融化而造成隧道坍塌。

(3)高寒隧道若排水不畅,可能造成冻胀破坏。

(4)高原缺氧,尤其是隧道中若通风供氧不足,可能对施工人员健康造成影响,甚至危及生命。

二、风险控制重点

(1)洞口段施工时,杜绝保温措施不到位的不安全状态。

(2)杜绝不及时封闭围岩表面的不安全行为。

(3)高寒隧道施工时,清查排除排水不良的不安全状态。

三、风险控制技术措施

(一)洞口施工

(1)高原冻土隧道洞口段,应根据季节温度的变化进行保温施工,并宜安排在非冻季节施工。

(2)洞口边、仰坡的开挖应遵循“快开挖、快防护”的原则,力求缩短边、仰坡的暴露时间。

(二)洞身开挖

(1)温暖季节,为避免冻融,洞身施工应采取空气调节措施,降低洞内环境温度。开挖爆破后,应尽快喷射混凝土封闭围岩表面,控制围岩表层融化。

(2)高原冻土隧道施工应加快模筑混凝土衬砌速度,确保模筑混凝土衬砌紧跟开挖工作面。

(3)高原冻土隧道施工应采取有效的防排水措施,防止高寒隧道冻胀破坏。

(三)通风与供氧

在隧道施工时,必须根据高原的实际情况,采取合理的通风及供氧方式,选择合适的通风及供氧设备,保证隧道施工人员的健康与安全。

第十章　斜井和竖井施工安全技术与风险控制

第一节　斜井施工安全技术与风险控制

一、风险分析

相比于隧道的正洞施工安全风险，斜井施工的安全风险主要体现在：

（1）如果斜井与正洞连接处的专项施工技术方案不合理，可能造成隧道坍塌。

（2）对于富水长大斜井，若抽排水专项技术方案不合理或抽排水设备配置不足，可能造成掌子面积水甚至发生施工人员淹溺事故。

（3）若斜井运输中车辆超速、超载、超限，可能发生车辆伤害。

（4）斜井与正洞交叉口处若无专人指挥，无反光警示镜，可能发生交通事故或车辆伤害。

（5）若照明不良，可能引发交通事故、车辆伤害、机械伤害、触电伤害等。

（6）作业平台若制动不良或制动装置失效，可能因坡度大使平台移动造成高处坠落伤害或物体打击伤害。

（7）如果斜井提升设备未按规定装设保险装置或斜井钢丝绳失效，可能导致车辆碰撞损毁甚至严重的人员伤亡事故。

（8）斜井施工中，如果施工人员乘坐斗车、矿车，可能造成车辆伤害。

二、风险控制重点

（1）对于富水长大斜井，须确保抽排水设备配置齐全且保证其性能良好，以免发生突涌水灾害时掌子面积水。

（2）严防车辆超速、超载、超限、载人等不安全行为。

（3）杜绝斜井提升设备的保险装置或斜井钢丝绳失效等不安全状态。

三、风险控制技术措施

（一）水的处理

（1）斜井井口周边的截水、排水系统和防冲刷设施应在开挖前妥善规划，尽早完成。斜井洞门应及早施作。

（2）斜井施工应根据斜井出水量进行抽排水设计，配置满足抽排水需要的各种设施和设备。长大斜井应制定专项抽排水设计方案及应急预案，方案应经有关单位评审。

（3）斜井废弃时应按要求做好排水、加固，并采取安全防护措施。

（二）开挖

（1）斜井的边、仰坡开挖不应采用大开挖、大爆破，开挖坡面应及时进行防护，坡面有危石时应进行清除或防护。

(2)斜井与正洞连接处的施工必须编制专项施工方案,有针对性地制定安全技术措施,按程序报批后方可实施。

(3)斜井与正洞连接处在开挖前应检查围岩稳定情况,必要时采取超前预加固措施。开挖后,应及时支护和监控量测,围岩稳定性差时应及早施作二次衬砌。

(三)掘进

(1)长大斜井应配备双电源和双管路,并保证在系统电源断电后立即切换到备用电源上。

(2)隧道运输应建立统一的运输调度管理制度,并由专人负责。在斜井与正洞交叉口处应设专人指挥,并设置反光警示镜及限速标志。

(3)斜井施工应加强施工照明和施工通风管理,保证洞内视线和通风效果良好。

(4)斜井掘进应符合下列规定:

①斜井安装初期支护钢架时,必须按设计要求进行,并在安装过程中采取专门稳固钢架的措施。

②各种作业平台必须配有制动装置,就位后应进一步采取加固措施,防止作业过程中顺坡溜滑。

(四)运输

1. 斜井无轨运输

(1)道路

①长及特长隧道综合坡率不应大于10%,并应每隔一定距离设长度不小于30 m的平坡段。

②单车道的斜井,每隔一定距离应设置一处会车道,其长度应满足安全行车要求。

③斜井内运输道路必须硬化,并采取防滑措施。

(2)限速

斜井无轨运输车辆必须限速行驶,进洞重车不得大于8 km/h,轻车不得大于15 km/h;出洞爬坡不得大于20 km/h。

(3)设施与标志

①洞外距离洞口一定位置应设限高标志,洞内各种作业平台必须满足最小行车限界要求,并设置明显的警示标志。

②在洞内的集水坑、变压器、紧急避险处应设置防撞隔离栏和闪光红灯警示标志。

③洞内通道一侧每隔一定距离应设置一处防撞安全岛,安全岛内应设有废轮胎防撞墙,作为车辆制动失灵时的安全应对措施。

(4)运输车辆

运输车辆投入使用前应进行检查,符合要求方可进洞作业;施工作业中,项目部安全主管部门每月应进行不少于1次的抽查;驾驶员应每天对车辆进行自检,确保车况良好。

2. 斜井有轨运输

(1)安全设施

①井口必须设置挡车器,并设专人管理;斜井长度超过100 m时,应在井口下20 m和接近井底60 m处设置第二道挡车器;长大斜井应每隔100 m和接近井底时在轨道上设置防溜车装置。

②斜井有轨运输时,井身每隔30~50 m应设置躲避洞,井底停车场应设避车洞,井底附近

的固定设备应设置在专用洞室内。

(2)钢丝绳

①提升用的钢丝绳必须每天检查1次,每隔6个月检验1次。

②钢丝绳的安全系数和检验要求可参照《起重机械安全规程》的规定。

③钢丝绳的钢丝有变黑、锈皮、点蚀麻坑等损伤时,不得用于升降人员。钢丝绳锈蚀严重,点蚀麻坑形成沟纹,外层钢丝松动时,必须更换。

(3)运输组织

①斜井口、井下及卷扬机之间应有联络信号。

②提升、下放与停留应有明确的色灯和音响等信号规定。

③斜井中牵引运输速度不得大于5 m/s,接近洞口与井底时不得大于2 m/s,升降加速度不得大于0.5 m/s^2。

④斜井施工中严禁人员乘坐斗车、矿车。

⑤当斜井的垂直深度超过50 m时,应配备运送人员的车辆,其使用应遵守下列规定:

a. 运送人员的车辆必须有顶盖,并装有可靠的防坠器;当断绳时能自动发生作用,同时也能用手操纵。

b. 运送人员的列车必须设车长跟随,车长坐在行车前方的第一辆车的最前排座位上,手动防溜车装置必须装在车长座位处。

c. 每班运送人员前,必须检查车辆的连接装置、保险链及防坠器。运送人员前,应先放一次空车,检查斜井和轨道的安全状况。

d. 运送人员的车辆不得超过定员,乘车人员所携带的工具不得超出车厢。

e. 运送人员的车辆中必须装有向卷扬机司机发送紧急信号的装置。

(4)保险装置

提升装置必须装设下列保险装置:

①防止过卷装置,当提升容器超过正常卸载位置0.5 m时,必须能自动断电,并能使保险闸发生作用。

②防止过速装置,当提升速度超过最大速度15%时,必须能自动断电,并能使保险闸发生作用。

③当提升速度超过3 m/s时,必须装设限速器,保证提升容器到达终端停止位置前的速度不大于2 m/s。

④提升卷扬机必须装设深度指示器、开始减速时能自动示警的警铃及司机不需离座即能操纵的常用闸和保险闸。

四、斜井施工安全风险控制案例

(一)工程概况与风险控制总体策略

1. 隧道通风斜井概况

××隧道通风斜井是××隧道辅助设施之一,是为解决特长隧道通风要求而设置的。该通风斜井位于××县××乡××村东南1 km,在主线路里程桩号YK98+200附近,起讫里程桩号:XK0+000~XK0+053.242,起讫段坡度5%,斜井主体坡度33.84%,斜井走向逆地形方向延伸,并与隧道主洞相通。

通风斜井工程主要由洞口工程的洞门、风塔，斜井，联络风道，风机洞室工程构成。斜井净空断面：6.958 m×5.15 m；送风联络风道净空断面：3.1 m×4.5 m；排烟联络风道净空断面：4.15 m×4.95 m；排烟联络风道净空断面：5.0 m×4.5 m。

洞口段 50 m 为破碎的强风化、弱风化板岩，岩体破碎，分别为Ⅴ、Ⅳ、Ⅲ级围岩。洞内其余地段为弱风化板岩，岩体完整，块状整体结构，地下水为基岩裂隙水，水量小，均为Ⅱ级围岩。

2. 隧道通风斜井的施工方案

(1)××通风斜井按新奥法原理组织施工，并做好隧道开挖光面爆破以及做好监控量测工作，Ⅳ～Ⅴ级围岩地段采用上下台阶法开挖，Ⅲ级及更好的围岩地段采用全断面法开挖。

(2)通风斜井进口段(含缓坡地段)100～150 m 以内，采用无轨运输，挖掘机或装渣机装渣，自卸车运渣，卷扬机助力提升；150 m 以后从无轨运输转化为有轨运输，JK2×2.5×1.5/20 型单机双筒大型绞车，设计铺设双线轨道，轨距 900 mm，线间距 1 600 mm，洞内右侧设 0.7 m 检修人行道。

(3)采用有轨运输矿车提升运输方式，铲斗式斜井装岩机械，10 m^3 梭式单车矿车，车板底部设有刮板式或链式转载机构，便于将整体车厢装满和转载或向后卸渣；渣运至洞口卸渣台，用自卸车二次转运至弃渣场。

(4)斜井底联络风道在条件容许时可以采用无轨运输。

(5)施工期间洞内排水采用集水坑分级抽水，准备足够的备用抽水设施以防突水事故的发生。

(6)弃渣通过运输汽车转运到指定的弃渣场地，在施工过程中要特别注意做好环境保护工作。

(7)施工通风采用压入式通风。

(8)初期支护紧跟开挖工作面，喷射混凝土采用湿喷技术，洞内防水板铺设采用无锚钉铺设新工艺。

(9)通风斜井设计分隔为排风道和送风道，中间设了一道中隔墙。

(10)为了确保施工安全、便于施工，二次衬砌采用一次整体浇筑，采用加工特制的专用衬砌台车，预留中隔墙钢筋预留孔，施作二次衬砌混凝土时预留中隔墙钢筋，待斜井开挖和二次衬砌全部完成后，中隔墙钢筋绑扎、立模及浇筑中隔墙混凝土，洞口明挖段以及洞口浅埋段，二次衬砌紧跟初期支护，确保后续工作的安全；在需要设置仰拱的地段，仰拱也必须紧跟初期支护。

3. 施工场地布置

(1)生产、生活设施布置

通风斜井生产、生活设施布置在井口平缓的山坡上，在井口布设充电机房、钢筋加工棚、空压机间、配电房、混凝土搅拌站、水泥库、砂石料场。井口正前方向布设弃渣二次转运翻渣场地、调车作业线、矿车停放线、电瓶车充电线、绞车天轮、绞车机房等生产设施。职工生活区布置在井口的左边。

(2)洞内设施布置

斜井洞内按双线轨道布置到斜井终点，联络风道和排烟联络风道洞渣采用机械设备倒运到梭式矿车提升到斜井洞外。

斜井布置如图 10-1 所示。轨距 900 mm，线间距 1 600 mm，洞内右侧设 0.7 m 检修人行道，左侧设 0.5 m 排水沟及风水管线，照明线、通信线和动力电缆分别布置在井壁两侧。斜井内设抽水泵站和集水仓，安装抽水管路进行抽水。井身每隔 30~50 m 设避车洞(宽 1.0 m，高 1.8 m，深 1.2 m)，供人员躲避和临时存放工具、材料用。安装摄像头随时监控，另安装直通电话与井口和绞车房联系，随时掌握井上井下的运输情况。

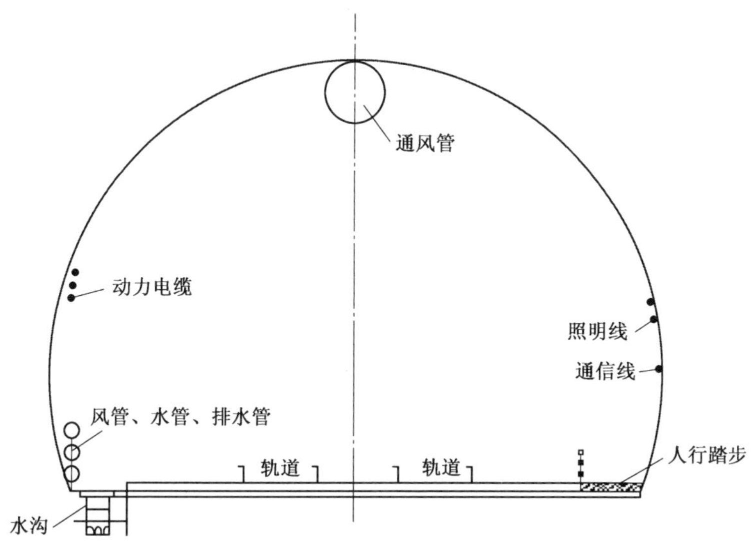

图 10-1　斜井布置简图

在斜井轨道设大滚轮、小滚轮。大滚轮设在坡道入口处，小滚轮设在斜井井身的坡道上，每隔 15~20 m 设一个，用螺栓固定在轨道枕木间地基上。

(3)斜井提升井口布置

斜井采用双道双钩提升设备，井口设井架和矿车卸渣台，JK2×2.5×1.5/20 型单机双筒大型绞车，天轮井架按钢丝绳牵引角 $\beta=10°$设置。

4. 风险控制总体策略

从斜井概况、施工方案和施工场地布置来看，风险控制总体策略为：

(1)须根据围岩等级选择合适的施工方案，严防Ⅳ~Ⅴ级围岩地段采用全断面法开挖，以免造成斜井坍塌事故。

(2)运输时严防超载、超速、偏载等不安全行为，以免造成车辆伤害。

(3)严防备用抽水设备不足的不安全状态，以免发生突水时无法及时抽水减灾。

(4)严防用电设备绝缘不良、违章用电等不安全状态和不安全行为，以免造成触电伤害。

(二)主要施工工序与风险控制策略

1. 掘进

(1)工作内容

通过超前地质预报、地质分析法，综合物探法和钻探法，探测和预测开挖工作面前方工程地质及水文地质情况，结合开挖面围岩变化及地质素描情况，对前方地质和水文进行综合评价和推断，为完善设计、确定合理的施工方案提供地质依据。

首先进行洞口土石方及仰坡施工，做好截水沟，然后采用小导管注浆预加固。洞口 50 m

Ⅴ、Ⅳ、Ⅲ级围岩段采用台阶法施工,风动凿岩机钻孔,弱爆破、短进尺;斜井其余地段、送风联络风道、排风联络风机洞室采用全断面法施工,自制组装工作台架,风动凿岩机钻孔,非电毫秒雷管起爆,光面爆破,减少围岩扰动,确保围岩稳定。

(2)风险控制策略

本工序风险级别较高,风险控制策略为:

①严防超前地质预报工作不到位的不安全行为。

②严防洞口边、仰坡截水沟未提前施作或失效的不安全行为和不安全状态。

③杜绝违章爆破作业的不安全行为。

2. 出渣

(1)工作内容

先期采用无轨运输,含缓坡地段100~150 m以内,采用挖掘机装渣,自卸车运渣,8 t卷扬机助力提升。与此同时进行大型绞车配套设施的施工,包括绞车基础施工,天轮基础、翻渣场的设计与施工,为大型绞车安装调试创造条件。

150 m以后从无轨运输转化为有轨运输。安装JK2×2.5×1.5/20型单机双筒大型绞车,设计铺设双线轨道,轨距900 mm,线间距1 600 mm,洞内右侧设0.7 m检修人行道;采用有轨运输矿车提升运输方式,铲斗式斜井装岩机械,10 m^3梭式单车矿车,车板底部设有刮板式或链式转载机构,便于将整体车厢装满和转载或向后卸渣;渣运至洞口卸渣台,用自卸车二次转运至弃渣场;斜井底联络风道在条件容许时可以采用无轨运输。

(2)风险控制策略

本工序的安全风险级别较高,风险控制策略为:

①严防车辆超速、超载、超限的不安全行为和不安全状态。

②杜绝照明不良的不安全状态。

③杜绝斜井提升设备无保险装置或斜井钢丝绳失效的不安全状态。

④杜绝人员乘坐斗车、矿车的不安全行为。

3. 支护与监控量测

(1)工作内容

①通风斜井的初期支护主要采用ϕ22砂浆锚杆,6~24 cm厚C20网喷混凝土,施工工艺同正洞。斜井掘进施工严格按照设计及规范施作初期支护,确保围岩稳定和有足够的支承时间。对设计预测之外的地层变化段增设相应强支护,施工时预备足够原材料,确保地质变化地段顺利通过。

②斜井监控量测的项目、量测频率、量测方法同正洞。

③通风斜井的防排水主要是铺设无纺土工布和EVA防水板。施工工艺同正洞。

④通风斜井设计分隔为排风道和送风道,中间设置了一道中隔墙。为了确保施工安全、便于施工,二次衬砌采用一次整体浇筑,采用加工特制的专用衬砌台车,预留中隔墙钢筋预留孔,施作二次衬砌混凝土时预留中隔墙钢筋,待斜井开挖和二次衬砌全部完成后,中隔墙由里向外钢筋绑扎、立模及浇筑中隔墙混凝土,洞口明挖段以及洞口浅埋段,二次衬砌紧跟初期支护,确保后续工作的安全;在需要设置仰拱的地段,仰拱也必须紧跟初期支护。通风斜井二次衬砌从外向里,按先衬砌斜井、风机洞室,然后衬砌送风联络风道、排风联络风道,最后施作斜井中隔墙。斜井洞门、风塔等洞口工程根据工程进展情况尽早安排,确保合同工期内圆满完成。

⑤在井口设 75 m^3/h 的拌和站,集中拌和混凝土。混凝土运输采用两台 4 m^3 轨行式混凝土搅拌运输车装运,HBT-60 型混凝土输送泵运输入模。后期可直接泵送入模。采用插入式、附着式振动器振捣密实。

(2)风险控制策略

本工序的安全风险级别一般,风险控制策略为:

①防止初期支护不及时、二次衬砌分次浇筑等不安全行为。

②浇筑混凝土时,杜绝违章用电的不安全行为。

4. 洞口工程施工

(1)工作内容

①洞口工程有混凝土洞门、风塔、排烟通道工程。洞门墙内模采用斜井衬砌台车,外模采用普通钢模,用脚手架支立牢固浇筑混凝土。风塔采用支架支立普通钢模浇筑。排烟通道采用拱架、普通钢模浇筑。

②结构工程完成后按设计要求回填,并在仰坡上进行方格网植草防护。

(2)风险控制策略

本工序的安全风险级别一般,风险控制策略为:

①严防脚手架、支架基础不牢或搭拆顺序错误等不安全状态和不安全行为。

②浇筑混凝土时,杜绝违章用电的不安全行为。

5. 装修

(1)工作内容

通风斜井装修有 HF 吸声材料、白色瓷砖、防火涂料,按设计和规范要求施工。

(2)风险控制策略

本工序基本无安全风险。

第二节　竖井施工安全技术与风险控制

一、风险分析

(1)对于竖井,若抽排水专项技术方案不合理或抽排水设备配置不足,可能造成掌子面积水,甚至发生施工人员淹溺事故。

(2)在无升降人员和物料进出时,若井盖处于打开状态、井口无栅栏,可能造成人员意外坠入。

(3)井架天轮棚如果无避雷装置,可能导致雷击伤害。

(4)掘进过程中若违章爆破作业,可能导致爆炸伤害。

(5)提升机械若超负荷运行,可能导致起重伤害。

(6)若用装有物料的吊桶载人,可能导致高处坠落伤害。

(7)若竖井运输中车辆超速、超载、超限,可能导致车辆伤害。

二、风险控制重点

(1)严防抽排水设备配置不足或性能不良等不安全状态。

(2)严防在无升降人员和物料进出时井盖处于打开位置的不安全状态,严防井口无栅栏的不安全状态。

(3)杜绝提升机械超负荷运行、超速、超载、吊桶载人等不安全行为。

三、风险控制技术措施

(一)水的处理

(1)竖井井口周边的截水、排水系统和防冲刷设施应在开挖前妥善规划,尽早完成。竖井锁口圈应及早施作。

(2)竖井建井期间,如果裂隙水较发育,影响作业人员安全,应采用周边帷幕注浆止水;在有少量裂隙水时,应随竖井的施工开挖在井底设集水坑,采用小型抽水机将水抽入吊桶排至井外。

(3)竖井使用期间,正洞裂隙水及施工废水应排入井底水仓,由井底抽水机排出。

(4)竖井废弃时应按要求做好排水、加固,并采取安全防护措施。

(二)掘进

(1)竖井的边、仰坡开挖不应采用大开挖、大爆破,开挖坡面应及时进行防护,坡面有危石时应进行清除或防护。

(2)竖井与正洞连接处的施工必须编制专项施工方案,有针对性地制定安全技术措施,按程序报批后方可实施。

(3)竖井与正洞连接处在开挖前应检查围岩稳定情况,必要时采取超前预加固措施。开挖后,应及时支护和监控量测,围岩稳定性差时应及早施作二次衬砌。

(4)竖井钻孔结束后,应将钻孔机具提升出井外,防止爆破损坏钻孔机具。

(5)竖井每次爆破后,应有专人清除危石和掉落在井圈上的石渣,并检查初期支护和临时支撑有无受损,清理完后方可正常工作。

(6)当竖井工作面附近或未衬砌地段发现落石、支撑发响、大量涌水时,施工人员应立即撤出井外,并报告处理。

(三)井口设施

(1)井口的锁口圈应配置井盖,只有在升降人员和物料进出时,井盖方可打开。

(2)井口应设防雨设施,通向井口的轨道应设阻车器。

(3)井口周围应设置安全栅栏和安全门,安全栅栏的高度不应小于1.2 m。

(4)井口、井底、绞车房和工作吊盘间均应有联络信号,并有专人负责,必要时应装设直通电话。

(5)竖井井架天轮棚必须安装避雷针,井架脚必须安装接地线。

(6)竖井提升机械的使用应符合下列规定:

①提升机械安装完毕后必须经具有专业资质的检测机构验收合格,并出具安全检验合格证书,方可投入使用。

②提升机械不得超负荷运行,并应有深度指示器和防止过卷、过速等保险装置,以及限速器和松绳信号等。

③工作吊盘的载重量不得超过吊盘的设计载重能力。

④提升用的钢丝绳和各种悬挂使用的钩、链、环、螺栓等连接装置,应具有规定的安全系

数，使用前应检验合格后方可安装，使用中应定期检查、维修和更换。

（四）竖向运输

1. 吊桶升降

竖井采用吊桶升降人员和物料时，应遵守下列规定：

（1）吊桶必须沿钢丝绳轨道升降，保证吊桶不碰撞岩壁。

（2）运送人员及物料的速度不得超过有关规定。

（3）提升钢丝绳应与吊桶连接牢固，不得自动脱钩。

（4）吊桶上方必须设置保护伞。

（5）不得在吊桶边缘上坐立，乘坐人员身体的任何部位不得超出桶沿。

（6）吊桶不准超载，装有物料的吊桶不得乘人。

2. 罐笼升降

竖井采用罐笼升降人员和物料时，应遵守下列规定：

（1）罐顶应设置可打开的铁盖或铁门，罐底必须满铺钢板，并不得有孔。

（2）罐笼一次容纳人数和最大载重量应明确规定，并在井口公布。

（3）罐笼升降速度不得大于 3 m/s，加速度不得大于 0.25 m/s^2。

（4）罐笼、钢丝绳、卷扬机各部及其连接处，必须设专人检查，发现钢丝绳有损、罐道和罐耳间磨损度超过规定等，必须立即更换。

（5）升降人员或物料的单绳提升罐笼必须设置可靠的防坠器。

（6）罐笼升降作业时，其下方不得停留人员。

第十一章　非钻爆法开挖安全技术与风险控制

第一节　全断面岩石掘进机(TBM)法施工安全技术与风险控制

一、风险分析

(1)在吊装作业前,钢丝绳死弯、吊钩连接松动以及限位器发生失灵状况且未及时检测维修,可能造成吊装作业中钢丝绳断裂、吊钩脱落等后果,从而造成起重伤害。

(2)机械设备运行和维护中,作业人员若防护不当,可能导致作业人员被运行中的机械绞、碰、切、割、戳,从而造成机械伤害;或在维护中被工具击伤造成机械伤害。

(3)通过软弱围岩、岩爆、小岩溶、膨胀岩、高瓦斯等特殊地段时,若施工指挥人员指挥不当、施工方案不完善或者工作人员操作不当,遇软弱围岩、膨胀岩等,可能发生围岩坍塌、透水、冒顶片帮等事故;遇高瓦斯等特殊地段,可能发生中毒和窒息、瓦斯爆炸等事故。

(4)施工过程中,机械的刀具、刀盘、主轴承等重要部件失效失灵,可能因刀具、刀盘碎裂而飞出伤人,主轴承断裂而造成机械伤害。

(5)施工运输指挥不当,信号和制动失灵,货车汽车超速、超载及机械故障等,可能会导致货车侧翻、机械损伤甚至导致车祸发生,造成车辆伤害。

(6)未配备消防器材或消防器材失效,可能导致在意外火情发生时无法及时处理,从而酿成火灾、人体被灼烫等事故。

(7)TBM 作业人员未经过专业培训、考核合格并取得相应操作证后就上岗,因不具备专业技术可能导致掘进机在工作过程中出现操作失误,引起不必要的机械伤害。

(8)遇到软弱围岩地段时,未专门制定施工方案或施工方案未经专家审核合格就开始施工掘进,可能因施工方案的不足而导致施工过程中出现围岩压力不足而使隧道坍塌。

(9)TBM 掘进时,针对不同地段的不同地质条件选择的掘进参数或掘进模式不合理,可能导致在掘进过程中机械运转不良,从而出现故障,或者掘进后隧道质量不能满足设计预期。

(10)TBM 及后配套设备的保养和检修工作在机器停止操作前就进行的,可能导致检修工作人员在检修作业中被机械绞、碾、碰、割、戳、切伤或致死,造成机械伤害。

(11)隧道在贯通过程中,洞内外若联络不畅,可能导致在隧道贯通前后因无法互相获知准确位置消息与指挥信息而在贯通瞬间造成机械碰撞、围岩崩塌等事故,可能对工作人员造成机械伤害。

二、风险控制重点

全断面岩石掘进机法施工过程中,应主要防范机械伤害、物体打击伤害、车辆伤害等。风险控制的重点在于:

(1)严格落实机械设备定期安全检查和维护制度。

(2)确保施工作业人员特别是技术人员具有专业资质。

(3)特殊施工地段必须严格制定施工方案并经专家评审。

(4)设备运输过程必须规范,杜绝超载、过载。

三、风险控制技术措施

(1)TBM 施工中应建立健全机械设备管理制度,定期对设备进行安全检查、维护。

(2)TBM 设备组装场地应进行硬化处理,场地表面平整度和强度应满足 TBM 组装和步进的要求。

(3)TBM 及后配套大件起吊前,应对吊具和钢丝绳进行验算校核。吊装作业应由专人负责指挥。吊装作业时,各大型部件应选择合理的吊点吊运,吊装应平稳,严禁起吊速度过快和吊件长时间在空中停留。

(4)护盾式 TBM 始发时,始发台必须牢固可靠,开敞式 TBM 应确保撑靴撑紧始发洞壁。

(5)TBM 运行前,应发出警告信号,确认所有人员远离危险区域后方可按操作顺序开机启动。

(6)开敞式 TBM 在撑靴回缩之前,后支腿与洞底必须接触。TBM 在重新撑紧期间,内机架的移动区域内不得有人。在后配套系统拖拉期间,拖拉油缸区域和后配套位移区域内不得有人。

(7)开敞式 TBM 应根据围岩条件选择合理的初期支护,初期支护应及时施工,并按有关标准要求进行监控量测。

(8)TBM 在软弱围岩中掘进时,应按照下列要求进行作业:

①应减缓掘进速度,必要时应先停机进行加固支护处理,再进行掘进。

②应根据围岩坍塌的不同程度,采取不同的合理的支护方式。

③开敞式 TBM 在软弱围岩中掘进,撑靴压力不应太高,刀盘扭矩不应过大。换步时,撑靴的支撑位置应错开钢拱架及洞壁的破碎部位。当洞壁没有适合撑靴的位置或围岩强度太低时,必须对洞壁撑靴处进行加固处理。

④对富水软弱破碎围岩应采取加强排水的技术措施。

⑤双护盾式 TBM 通过软弱围岩时,应减少刀盘喷水、降低刀盘转速和推力、减少单位时间内出渣量、不停机快速通过,防止塌方;还应安装重型管片、及时填充豆砾石并注浆,待通过后再进行固结注浆。

(9)TBM 能通过的小岩溶地段,应按下列要求进行作业:

①隧道通过岩溶地区时,施工前应根据设计图、施工现场情况和超前地质预报,判断溶洞的状况,及时正确地制定施工方案。

②在掘进过程中,应通过控制掘进参数控制掘进方向,减缓掘进速度,使刀盘受力均匀。

(10)TBM 通过膨胀岩地段,应按下列要求进行作业:

①开敞式 TBM 施工时,应采用弹性软式透水管将水归入沟槽,引至洞内水沟。初期支护应采用喷射混凝土、钢筋网、锚杆、钢架等,必要时可采取钢筋纤维混凝土或加设钢筋网。

②膨胀岩隧道的衬砌应在围岩变形基本稳定、变形速度小于 0.5 mm/d 后施作。在衬砌混凝土强度达到设计强度的 100%时,方可拆模。

③护盾式 TBM 通过膨胀岩地段时,应迅速通过,减少停机时间。必要时,可使用扩孔刀具

加大开挖直径,减少被卡住危险。

(11)TBM 通过高瓦斯地段时,应在其上配备瓦斯探测设备。当瓦斯浓度达到或超过规定的允许值时,应停止主机作业,强制执行二次通风系统工作等保护程序。

第二节 盾构法施工安全技术与风险控制

一、风险分析

(1)在吊装作业前,钢丝绳死弯、吊钩连接松动以及限位器发生失灵状况且未及时检测维修,可能造成吊装作业中钢丝绳断裂、吊钩脱落等后果,从而造成起重伤害。

(2)始发或接收盾构工作井端头地层未加固且未及时察觉,可能造成盾构机械在接收过程中因地基承载力不足而压垮工作井,造成地基坍塌。

(3)施工前掘进参数选择错误、开挖面失稳、隧道塌陷以及地表下沉等状况,可能造成坍塌等事故。

(4)通过浅覆土地层时,因开挖深度过小可能使上方地层承载力过小而坍塌;通过小净距、小半径曲线、大坡度地段时,易因开挖半径和开挖量选择过大或过小或洞壁支护不当而造成通道渗水、冒顶片帮、坍塌等事故。

(5)施工过程中,盾构机械的刀具、刀盘、主轴承等重要部件失效失灵,可能因刀具、刀盘碎裂而飞出伤人,主轴承断裂而造成机械伤害。

(6)施工人员在端口带压时更换刀片,可能在拆卸刀片时,因刀片飞出而造成机械伤害。

(7)施工运输指挥不当,信号和制动失灵,货车汽车超速、超载及机械故障等,可能会导致货车侧翻、机械损伤甚至导致车祸发生,造成车辆伤害。

(8)未配备或极少配备消防器材或消防器材失效,可能导致在意外火情发生时无法及时处理,从而酿成火灾、人体被灼烫等事故。

(9)盾构施工前,未对地层、地下管线、地上地下的建筑物、构筑物以及障碍物进行详细而周密地调查,可能导致在施工过程中不慎破坏地上地下的建筑物、构筑物以及地下管线等设施而造成坍塌,以及破坏地基稳定性,使隧道出现冒顶片帮等问题。若管道为输水管道,还会导致隧道渗水,造成透水事故。

(11)施工单位未建立健全完善的安全生产保障体系及规章制度,未对施工人员进行安全教育和培训,盾构作业人员未进行专业技术培训考核或者未合格且颁发相应操作证后就上岗的,这会使施工风险大大增加,特别是盾构工作中因操作人员的错误操作,可能会造成机械伤害。

(12)盾构施工各工序作业前未编制安全作业规程和作业指导书,关键工序未编制专项安全技术措施或编制后未经监理单位审批后实施,可能导致施工过程中安全监管不严,工作人员疏忽大意,造成机械伤害、物体打击等各种伤害。

(13)施工前未对技术人员进行安全技术交底,可能导致因技术人员不熟悉安全注意事项而引发的各种人身伤害与机械事故。

(14)盾构在特殊地段施工前,建设单位未组织专家评审施工方案,施工方案若不合理且未经修正,可能导致特殊地段施工出现处理不当、地基不稳、渗水透水等情况。

(15)施工单位未编制安全事故应急救援预案或预案未通过建设单位审批,如果遇到紧急安全事故可能会无法及时处理,以致酿成安全事故。

(16)盾构施工中未建立健全机械设备管理制度,未定期对设备进行安全检查和维护,可能发生一系列问题(如刀片发生断裂崩飞、转轴不灵等),从而引发机械伤害。

(17)盾构施工中未结合工程施工环境、地质和水文条件编制完善的施工监测量测方案,当出现异常情况时未加强监测频率,在地质、水文条件特殊的地段,可能会出现机械运转不正常或盾构隧道不符合安全要求(透水、冒顶片帮),发生机械伤害、坍塌等事故。

(18)建设单位未选择或已选择进行量测复核工作的第三方不具备专业资质,可能会出现量测数据不准确等问题。

(19)进行盾构设备大型吊装作业的工程队伍若不具备专业资质,可能无法很好地完成吊装作业,遇到突发情况无法及时处理,可能会造成起重伤害、物体打击伤害等。

二、风险控制重点

盾构法施工全过程中,应重点防范机械伤害、物体打击伤害和车辆伤害。风险控制的重点在于:

(1)严格落实机械设备定期安全检查和维护制度。

(2)确保施工作业人员特别是技术人员具有专业资质。

(3)特殊施工地段必须严格制定施工方案并经专家评审。

(4)设备运输过程必须规范,杜绝超载、过载。

(5)应建立健全应急预案。

(6)应建立健全完善的施工量测方案。

三、风险控制技术措施

盾构法施工过程中,为了减少和避免损失,施工前应制定风险控制技术措施,避免安全事故。具体措施如下:

(1)盾构施工前,应根据工程的水文地质条件、盾构类型、工作井围护形式、周围环境等因素,对盾构工作井端头地基进行合理加固。掘进前,应检测加固体的强度、抗渗性能,合格后方可始发掘进。

(2)盾构设备的吊装应符合下列要求:

①应根据盾构设备部件的最大重量和尺寸选用吊装设备,吊装设备必须选择符合安全要求并具备相应资质的专业厂家生产的产品。

②起吊前,应确定合理的吊装方式,对吊具和钢丝绳的强度、地基吊装承载力、盾构工作井结构、地下管线等应进行验算校核,并根据验算结果采取相应的加固措施。

③吊装作业时,各大型部件应选择合理的吊点吊运,吊装应平稳,严禁起吊速度过快和吊件长时间在空中停留。

④吊装作业应由专人负责指挥。

(3)盾构组装完成后,必须对各项系统进行空载调试,然后再进行整机空载调试。

(4)盾构后配套设备选型应满足隧道长度、转弯半径、坡度、列车编组荷载等指标的安全要求。

(5)隧道内各个后配套系统必须布置合理,机车运输系统、人行系统、配套管线在隧道断面上布置必须保持必要安全间距,严禁发生交叉。机车车辆距隧道壁、人行通道栏杆及隧道内其他设施不得小于 20 cm,人行走道宽度不得小于 70 cm。

(6)盾构始发前必须验算盾构反力架及其支撑的刚度和强度,反力架必须牢固的支撑在始发井结构上。盾构反力架的整体倾斜度应与盾构基座的安装坡度一致。

(7)盾构始发前必须对刀盘不能直接破除的洞门围护结构进行拆除。拆除前应确认始发工作井端头地基加固与止水效果良好。拆除时应将洞门围护结构分成多个小块,从上往下逐个依次拆除,拆除作业应迅速连续。

(8)洞门围护结构拆除后,盾构刀盘应及时靠上开挖面。

(9)盾构始发时必须在洞口安装密封装置,并确保密封止水效果。盾尾通过洞口后,应立即进行二次补充注浆,尽早稳定洞口。

(10)盾构始发时必须采取措施防止盾构扭转和稳定始发基座。

(11)盾构始发时,千斤顶顶进应均匀,防止反力架受力不均而倾覆。

(12)负环脱出盾尾后,应立即对管片环向进行加固,防止变形。

(13)盾构应在起始段 50~100 m 进行试掘进,掌握盾构掘进的适应性能和施工规律。

(14)盾构掘进应根据不同的地质情况、施工监测结果、试掘进经验等因素选用合适的掘进参数。

(15)土压平衡盾构掘进时,应使开挖土体充满土仓,排土量与开挖量相平衡。

(16)泥水平衡盾构掘进时,应保持泥浆压力与开挖面的水土压力相平衡及排土量与开挖量相平衡。

(17)复合盾构应根据地质条件和周边环境条件选择适当的掘进模式。掘进模式的转换采用局部气压模式(半敞开模式)作为过渡模式,并在地质条件较好的地层中完成。

(18)土压平衡和复合盾构改良开挖土体流塑状态时,应采取合适的添加剂,保证开挖面的稳定。掘进过程中,应采取措施防止螺旋输送机发生喷涌。

(19)盾构掘进时应控制姿态,推进轴线应与隧道轴线保持一致,减少纠偏。实施纠偏应逐环、少量纠偏,严禁过量纠偏扰动周围地层。应防止盾构长时间停机。

(20)盾构壁后注浆应符合下列规定:

①应根据工程地质条件、地表沉降状态、环境要求和设备情况等选择注浆方式和注浆参数。

②同步注浆和即时注浆必须与盾构掘进同步进行,同步注浆的注浆速度应根据注浆量和掘进速度确定。

③注浆压力应根据地质条件、注浆方式、管片强度、设备性能、浆液特征和隧道埋深等综合因素确定。

④同步注浆和即时注浆的注浆填充系数应根据地层条件、施工状态和环境要求确定。

⑤根据隧道稳定状态和环境保护要求,可进行二次补强注浆。二次补强注浆的注浆量和注浆速度应根据环境条件和沉降监测结果等确定。

⑥应根据注浆要求进行注浆材料的试验和选择,可按地质条件、隧道条件和工程环境合理选用注浆材料。

(21)盾构掘进过程中,应及时检查刀具和刀盘,发现过度磨损必须及时更换刀具和维修刀盘。

(22)盾构刀具检查和更换地点应选择在地质条件好、地层较稳定的地段进行。在不稳定的地层更换刀具时,必须采取地层加固或气压等措施,开挖面稳定后方可进仓作业。带压进仓换刀作业必须符合气压作业相关标准的规定。

(23)在盾构掘进过程中需要对刀盘进行维修时,应对刀盘前方土体采取可靠的加固措施或施作竖井。

(24)对盾构设备进行维修时,应符合下列规定:

①盾构及后配套设备的保养和检修工作应在机器停止操作时进行。

②液压系统进行维修作业前,必须关闭相关阀门并降压,必须防止液压油缸的缩回和液压电动机的意外运转。

③电气系统维修前,必须将系统关闭,并防止意外重启。

④对空气和供水系统进行维修作业时,应关闭相应阀门并降压。

⑤在刀盘、拼装机等旋转设备部件区域进行维修作业前,设备必须停止运转。

⑥现场应配备完善的消防设备,使用明火、电焊进行维修作业时,应有专人监控,附近不应有可燃物;当不能避开可燃物时,必须使用阻燃物覆盖。

(25)管片制作应符合相关安全规定,在预制场内使用行车转运管片,吊具应安全可靠,管片应放置稳当。

(26)管片储存场地必须坚实平整。每层管片之间应正确设置垫木,堆码高度应经计算确定,防止管片倒塌。

(27)管片拼装中,应指定专门的拼装作业人员,技术人员必须对拼装作业进行全程监控,确保拼装安全。

(28)管片拼装时,举重臂与管片连接必须使用专用保险销子并拧紧,管片拼装和吊运范围内不得有人和障碍物。每块管片拼装完成后,相应区域的千斤顶应及时伸出固定管片。

(29)盾构到达前应拆除洞门围护结构,拆除前应确认接收工作井端头地基加固与止水效果良好,拆除时应控制凿除深度。

(30)盾构到达前,必须在洞口安装密封装置,并确保密封止水效果。

(31)盾构距到达接收工作井 15 m 内,应调整掘进速度、开挖压力等参数,减小推力、降低推进速度和刀盘转速,控制出土量并监视土仓内压力。

(32)隧道贯通前 10 环管片应设置管片纵向拉紧装置。贯通后,应快速顶推并迅速拼装管片。

(33)隧道贯通前 10 环管片应加强同步注浆和即时注浆,盾尾通过洞口后,应及时密封管片环与洞门间隙,确保密封止水效果。

(34)盾构过站、调头及解体时应确保过站、调头的托架或小车有足够的强度和刚度。

(35)盾构过站、调头应由专人指挥,专人观察盾构转向或移动状态。应控制好盾构调头速度,并随时观察托架或小车是否有变形、焊缝开裂等情况。

(36)在举升盾构机前,应保证液压千斤顶可靠,千斤顶举升应保持同步,举升平稳。

(37)牵引平移盾构应缓慢平稳,工作范围严禁人员进入,钢丝绳应安全可靠。

(38)盾构解体前,必须关闭各个系统,并对液压空气和供水系统释放压力。

(39)盾构解体时,各个部件应支撑牢固。高处作业应有可靠的安全保护措施。

(40)洞口负环拆除前,应对洞口采取二次注浆等措施,确保洞口周围土体强度和止水性能。

(41)联络通道施工应符合下列规定:

①施工前,必须对联络通道开挖范围及上方地层进行有效地加固。

②拆除联络通道交叉口管片前,必须对管片壁后土体和联络通道处管片进行加固。

③隧道内施工平台在断面布置上应与机车运输系统保持必要的安全间距,严禁发生交叉。

④联络通道的施工应按相关规程的规定执行。

(42)盾构在特殊地质条件和施工环境条件下掘进时,应制定完善的监控量测方案,加密监控量测点和提高量测频率,并应根据反馈的监控量测结果及时调整掘进参数。

(43)盾构在浅覆土地段掘进前,应根据地质、水文条件与施工环境等判定其对环境的安全影响,并根据实际情况采取地基加固、设置抗浮板或加盖板等处理措施。

(44)相邻净距小的隧道施工前,应采取加固隧道间土体、对先建隧道管片壁后注浆、先建隧道内支设钢支撑等辅助措施,控制地层和隧道结构变形。后建隧道施工时,应控制掘进速度、土仓压力、出渣量、注浆压力等,减少对先建隧道的影响。

(45)小半径曲线段隧道施工时,应制定防止盾构后配套台车和编组列车脱轨或倾覆的措施。

(46)盾构下穿或近距离通过既有建(构)筑物、地下管线前,应符合下列规定:

①应对该地段进行详细调查并评估施工对既有建(构)筑物、地下管线安全的影响。

②应根据实际情况对受盾构掘进影响的既有建(构)筑物、地下管线的地基或基础进行加固处理。

③应控制掘进参数,减少施工对既有建(构)筑物、地下管线的影响。

④应加强既有建(构)筑物的沉降、倾斜观测。当发现有沉降、倾斜趋势时,应及时加固处理。

(47)大坡度地段施工时,机车和盾构后配套台车必须制定防溜措施。

(48)江河地段盾构施工应符合下列规定:

①应详细查明工程地质和水文地质条件及河床状况,设定适当的开挖面压力,加强开挖面管理与掘进参数控制,防止冒浆和地层坍塌。

②应采用快凝早强注浆材料,加强壁后同步注浆和二次注浆。

③下穿江河前,应对盾构密封系统进行全面检查和处理。

④长距离下穿江河时,应根据地层条件预测刀具和盾尾密封的磨损,制定更换方案。

⑤应采取措施防止对堤岸的影响。

(49)盾构施工运输应制定安全操作规程,运输操作人员应经专业培训,考核合格并取得特种作业操作证后,方可持证上岗。

(50)机车应经特种设备检测机构验收合格后方可投入使用。

(51)皮带输送机机架应坚固,平、正、直。启动皮带输送机前,应发出声光警示。空载启动后,应检查各部位的运转和皮带的松弛度,如无异常,在达到额定转速后,方可均匀装料。应设专人检查皮带的跑偏情况并及时调整。

(52)机车行驶时应符合下列规定:

①机车必须有完整的安全装置,司机在开车前必须检查连接器、制动器及其他部件的完

好性。

②机车行驶速度不得大于 10 km/h;经过转弯处或接近岔道时,应限速 5 km/h;在靠近工作面 100 m 距离内应限速 3 km/h,并打铃警示;车尾接近盾构机台车时,限速 3 km/h 并减速慢行;下坡时应带制动。

③机车在启动和行驶过程中,必须启动警铃、电喇叭等警示装置,同时应注意机车行驶中的动态。

④开车前应前后检查,各类物件必须放置稳妥,捆绑安全,运输不得超载、超宽和超长。

⑤轨道养护应有专人负责,轨道必须平顺,钢轨与轨枕间必须固定牢靠,轨枕和轨距拉杆必须符合安装规定。

(53)工作竖井内必须规定垂直运输的作业范围,在该范围内严禁任何非作业人员进入。

(54)钢丝绳、吊带等吊具应定期检查、更换。

第三节　沉管法施工安全技术与风险控制

一、风险分析

(1)浮运过程中的水深不足以承载沉管重量,可能会造成船体抛锚、运输过程受阻等事故。

(2)发生动力机械故障,可能会发生船体抛锚、运输过程受阻等事故。

(3)未能及时系上系泊缆,遇到水面风大浪大等情况,船体可能会被风浪吹离固定地点。

(4)沉管系泊时走锚,可能发生船体偏离航道等事故,影响运输进度。

(5)沉放时发生走锚,可能会发生沉管沉放位置错误,后续沉管打捞耗费大量人力物力,造成巨大经济损失。

(6)沉放时压载水量偏少,沉管自动起浮,将造成沉管安装失败。

(7)基础灌砂压力过大,可能造成基础沉陷,对潜水人员作业造成不利影响。

(8)沉管在寄放区放置一定时间后,管内积聚有害气体,可能导致工作人员在沉管内施工时不慎吸入,造成中毒。

(9)潜水员水下作业被渔网等漂浮物缠绕,可能造成潜水员被捆缚而无法进行水下作业。

(10)潜水员水下作业遇有塌方,可能造成潜水员被水下塌方崩射的物体击伤,造成人身伤害。

(11)潜水作业时,船舶大范围走锚,可能导致潜水员水下作业失去指挥和帮助,导致潜水员淹溺事故发生。

(12)船舶失控,如主机故障、舵机失灵、失电,可能导致船舶失去航向抛锚、与其他船舶碰撞导致倾覆事故。

二、风险控制重点

沉管法施工过程中,应重点防范淹溺、坍塌、中毒和窒息等事故和伤害。风险控制的重点在于:

(1)运输管段的船只应保证能正常工作且应及时系上系泊缆。

(2)沉放管段时,应保证压载水量充足。

(3)沉管在寄放一段时间后应及时清理有害气体。

(4)应保证潜水员工作区域的水上漂浮物数量不至于影响其作业。

(5)应做好水面情况监测工作,防止大风大浪对水上作业的影响。

三、风险控制技术措施

(1)浮运中水深不足时的控制措施:浮运前,用仪器检测航道情况,同时检测航道附近水深及范围,以备适当调整航向,避开浅点;沉管尾部用拖轮协助调整航向,或直接反向将沉管拖离浅点区;利用系泊锚,将沉管调整到合适的航道。

(2)发生动力机械故障时的控制措施:由于江面窄,大马力拖轮反而作用不大,可调配小型拖轮浮运前到现场协助;用两艘作业方驳在管节旁协助,方驳上配备人员、锚只及同样型号和功能的卷扬机及起重设备;浮运时的专用卷扬机由专人维护、试验、使用;当发生动力故障时,拖轮、方驳立即靠近管节下水位接拖或抛锚相对固定,避免管节漂流或搁浅:同时增调大马力拖轮到现场协助。

(3)未能及时系上系泊缆的控制措施:作业前明确水流和潮汐情况,选择高平潮期白天浮运。在基槽位置附近上水位,用两艘驳船临时用缆系上沉管缆桩,减慢沉管漂移,避免搁浅;同时,拖轮在基槽上水位置先抛头锚,立即用工作艇协助将拖缆系上沉管缆桩,减慢沉管漂移,避免搁浅;同时调遣大马力拖轮到现场协助。

(4)沉管系泊时走锚的控制措施:系泊锚沉埋待沉降稳定后,用驳船试验,确保管段系驳安全;一旦发生走锚情况,拖轮在上水位抛头锚,同时用拖缆拖住沉管;工程驳船在上水位抛大抓力锚,引缆加固沉管;加固系泊锚。

(5)沉放时发生走锚的控制措施:拖轮、工程驳船立即在走锚方向抛锚,用缆固定沉管;另用工程驳船在走锚方向抛大抓力锚固定沉管。

(6)沉放时压载水量偏少,沉管自动起浮时的控制措施:立即增加压载水量,严密监测压载水量和垂直千斤顶的读数;同时调遣工程驳船、拖轮在沉管四周监护。

(7)基础灌砂压力过大时的控制措施:立即停止灌砂,测定最大压力点后,用工程驳船抽砂设备平整灌砂量;沉管适当控制压水量,防止沉管被抬浮。

(8)管内施工紧急情况的控制措施:

沉管在寄放区放置了一段时间,虽然管内平时有定时检查和通风,但亦可能存在一定的有害气体,沉管内施工主要是防中毒事故。进入沉管内施工,一定要落实"进入管段内(半封闭)的安全措施",一旦发生中毒事件,应采取以下必要的应急措施:附近人员立即用对讲机通知管面应急救护人员,组织附近人员将中毒人员移到通风管口;管面急救组立即安排医务人员进入管内救护;尽快将中毒人员移上管面进一步救治,必要时送医院;撤离所有人员上管面。

(9)潜水员水下作业被渔网等漂浮物缠绕时的应急措施:

①作业潜水员发现被渔网缠绕,影响其作业或出水时,应立足自救,使用潜水刀等自行解脱渔网,当发现不能自行解脱或解脱时间远远超出潜水时间时,立即报告水面请求援助,保持镇定,严禁自行解脱潜水装具和信号绳。

②潜水队长接到报告,立即通过潜水电话了解情况,并决定协助其出水措施,启动应急气源(足量、半稳)供气,将下一步协助出水的措施告知潜水员,安慰其保持镇定,耐心等待。

③潜水队长同时安排着装应急潜水员带齐刀具、照明器材等准备下潜，将“AMRON international”电话调至“OT”功能挡，保持三方联系。

④潜水队长通知潜水医生、机工、其他潜水员准备减压舱和外伤药品、取暖物品等，待潜水员出水后立即进行治疗。

⑤潜水队长同时向现场应急领导小组报告，根据掌握的情况决定救治方案。

⑥潜水作业安全员（潜水总监）监督并记录以上过程。

（10）潜水员水下作业遇有塌方时的应急措施：

①潜水员水下作业遇有塌方，影响其作业或被困未能安全出逃时，立即报告水面请求援助，保持镇定，严禁自行解脱潜水装具和信号绳。

②潜水队长接到报告，立即通过潜水电话了解情况，并报告总指挥，请求领导小组集中到船上，共同制定营救措施，同时要求着装应急潜水员做好下潜准备，医生、机工准备减压舱，必要时请求海事部门到现场协助警戒。

③现场应急领导小组抵达船后，争取在短时间内制定出营救措施，船上人员尽最大努力提供应急器材、物资支持；同时通知岸基支持小组做好各项准备。

④采取抽泥或其他方法逐步将潜水员解救出水。

（11）潜水员水下作业，被物件压迫时的控制措施：

①信号员不断地与潜水员联络，以保持潜水员情绪稳定。

②潜水队长接到报告，立即报告现场应急领导小组，请求领导小组集中到船上，共同制定营救措施，同时要求着装应急潜水员做好下潜准备，医生、机工准备减压舱。

③潜水队长立即安排着装应急潜水员下潜了解情况，如通过人力或协助设备能排险的，应立足于用人力排险；不能通过人力排险的，一定由现场应急领导小组讨论并制定营救措施营救，切忌急燥或不顾后果盲目施救。

④现场应急领导小组制定营救措施，或用吊机协助，或用其他方法，尽最大努力将潜水员解救出水。

（12）潜水作业时，船舶大范围走锚时的控制措施：

①立即抛下防风锚、启用工作艇，尽量减小船舶移动速度，争取时间做应急处理；同时检查和确认剩余脐带长度，防止船舶移动牵引潜水员大范围移位，命令潜水员检查作业环境周围并做好割脐带逃生准备，禁止拖轮在此时靠近并动车。

②当以上措施不能控制船舶移动，且剩余脐带长度不足 15 m 时，应命令潜水员割断脐带、打开应急气瓶自行逃生，船上人员立即抛下浮标以记录潜水员出水位置，潜水医生记录潜水员出水时间，以作减压治疗重要参数；禁止着装应急潜水员在船舶未能固定的情况下下潜救人。

③潜水员出水面后，用工作艇或救生圈等救上甲板并做好下一步检查和治疗，需要上岸治疗的由现场应急小组安排实施。

（13）船舶失控的应急控制措施：

①失控船舶立即启动应急程序，进入应急状态，船长/引航员迅速抛锚控制船舶漂移（视当时情况决定抛锚方式和出链长度）。

②立即向海事交管中心报告，向救助部门报告。报告的内容包括：船舶失控的时间、地点，水域的风、浪、流、能见度等条件，可能的失控原因，当事船舶的现状（漂向、漂速），对其他船舶与码头的威胁程度，水域船舶密度。

③采取措施保护码头设施、船舶、人员的安全，服从有关部门的指挥、指导，在 VHF 通用频道上发布险情信息，提醒过往船舶注意避让。

④组织有关部门派出应急力量，优先调派大马力拖轮来控制船舶漂移。

⑤失控船主机故障时，指挥失控船操舵利用余速控制航向，采取锚泊措施或出缆系岸等，尽快派出拖轮协助。

⑥失控船舵机失灵时，要求其采用应急舵，合理用车控制航向，利用锚设备减速、稳向，选择合适河段抛锚等。

⑦失控船失电时，要求船舶启动备用机组及应急发电机组，优先给予导航设备和舵机供电，严密监控船舶动态。

⑧如果失控船故障无法修复或失控漂航严重，失控船有碰撞码头、它船、其他水工建筑的危险，或有搁浅、触礁的危险，则应迅速采取措施，在拖轮控制下驶离主航道，驶往安全水域或驶往附近码头。

(14)卷扬机应安装在平整、坚实、视线良好的地点，机身和地锚必须牢固，卷筒与导向滑轮中心线应垂直对正。作业前，应检查钢丝绳、制动器、传动滑轮等，确认安全可靠后方准操作。

(15)卷扬机牵引过程中，如发现滑轮组钢丝绳有气，应暂时停止牵引，松气后再进行牵引。工作中要听从主指挥的指挥信号，信号不明应及时向主指挥反馈，其他人员听到反馈信号时，应暂停操作，等待主指挥发出另一次信号后方可操作运行。

(16)卷扬机运行过程中，如遇特殊情况或危险情况，需要马上暂停运行的，必须立即报告主指挥，并停止作业，其他操作人员听到响应信号后也必须立即停止作业，等弄清楚情况并排除危险情况后，由主指挥再次发出运行信号方可继续作业。

(17)潜水作业前，根据作业需要，指定一名或多名潜水长。合理组织人员，具体安排人员负责待命、潜水电话、安全绳。待命潜水员应着装或备装，随时可以下潜执行救援任务。

(18)起重、吊装作业前，了解现场作业环境，制定起重、吊装方案。

(19)吊车作业前，检查线路、冷却水、燃油、轮胎气压，检查地面是否松动、支腿是否水平，确认安全后才能进行吊装作业。

(20)吊车发动机启动后，检查发动机是否正常，油气系统有否泄漏，各种仪表是否正常，检查操纵手柄或按钮是否在零位。

(21)吊车的钢丝绳要垂直起吊，不准斜拉斜吊。重物还吊在空中，司机不准离开操作台。风力达 6 级时，必须停止吊装作业，并卸下重物，把吊臂回收放托架上，前、后轮胎垫三角木，防止滑行。

(22)凡 2 m 以上高空作业，必须正确使用安全带。安全带应高挂低用，若没有挂钩，要设置临时装置。

(23)管段在系泊锚地进行二次舾装时，$1^{\#}$、$2^{\#}$浮驳装具以及各种舾装件的配置和安装必须严格按照施工方案实施，并按质量计划要求实施监控。

(24)管段对接口和导向装置的清洁要彻底，以策安全。在实施管段舾装过程中，应注意不要损伤管段的止水带，确保管段安装时满足要求。

(25)管段浮运到预定位置后，先接上水缆，后接下水缆。当定位缆受力，确认管段处于受控状态没有异常情况时，方可解开浮驳。

(26)管段沉放应制定详细的管段沉放方案,明确管段沉放过程中操作方法、工艺流程、注意事项以及各种情况下的应急措施、人员就位要求以及岗位职责。

(27)进入管内操作压载水泵的人员在进管内前应先向管内通风,在确认管内的空气能满足要求时方能进入。操作压载水泵时,按操作要求执行,技术部人员负责监控,并绝对服从总指挥的指令。塔、浮驳的操作人员严格执行操作规定,服从总指挥的指令。

(28)管段的基础灌浆必须严格按照施工方案进行,浆料比必须满足设计要求。

(29)灌浆船要定时与测量组沟通,注意灌浆量与沉管的关系,严禁擅离职守。灌浆时,搅拌应均衡,灌浆孔要保证按要求将冲积坑灌满,达到预定的压力。

(30)进入管段内(半封闭)必须先用风机通风,以保证管内的空气符合要求。

(31)按设计和施工技术要求,管段对接完成后,排水压力表显示无压力并经检查确认各项要求符合后,方可打开水密门。检查止水带压缩的情况,做好记录并向工程师报告。

(32)待灌砂灌浆完成后方可拆除垂直千斤顶。压载水舱的拆除要结合压重层浇筑而定,按技术要求进行。

(33)为了能够按规定的时间进行避让通航,确保通航期间船只进出的安全,应根据海事部门及自身的需要和甲方的要求,并结合海河实际通航情况,成立通航避让领导小组,负责通航期间的安全避让工作。

(34)在通航时间内,如因特殊情况造成工程船及辅助设备不能及时撤离,赶在通航规定的时间前,迅速用交通艇在开挖区上下游各 500 m 处设立断航标志,通知过往船只停止通航,同时通过高频电话或移动电话与海事交管部门派驻现场人员取得联系,以寻求帮助。

(35)夜间施工时,施工现场配制各种安全标志,建立有效的事故检查体系,各照明及用电线路布置必须考虑安全因素,防止漏电、触电发生,同时防火设施应齐全。

(36)夜间施工时,机具设备使用者必须掌握机具安全操作规程,实行专人专机,对机具性能及安全操作规程不熟悉者不得操作。各工种必须持证上岗。

第四节　盖挖法和明挖法施工安全技术与风险控制

一、风险分析

(1)在袖阀管注浆工艺中,浆液进入施工人员眼睛时,若未立即进行充分清洗,未及时就医,可能导致作业人员失明甚至会危害其生命,或者造成其他伤害。

(2)在袖阀管注浆工艺中,作业人员若未穿戴防护用具,可能被施工机械击伤,从而造成机械伤害。

(3)桩机钻架基础不平整、不坚实,未设置斜撑或缆风绳,钻进过程中有异常情况时,若仍继续作业,可能导致钻进过程中桩机失稳、倾倒击伤工作人员而造成机械伤害。

(4)混凝土灌注施工时,操作人员未站在有防护栏杆的作业平台上,可能导致操作人员从平台上坠落,造成高处坠落伤害。

(5)施工前,搅拌桩机未做全面安全检查,或者搅拌桩机带病作业,可能造成搅拌机工作停止,影响施工速度。

(6)保护设施不齐全、监护人员不到位,在人员下槽或孔内清理障碍物时,隧道若出现意外情况(如崩塌)可能造成人员被掩埋事故。

(7)导墙混凝土强度达到设计规定前,开挖该导墙槽段下的土方,可能造成导墙在开挖过程中支撑力不足导致坍塌,也可能对施工人员造成物体打击伤害。

(8)打桩时,钢板桩若未用钢丝绳拴挂牢靠,可能导致钢板桩在打桩时摇晃或脱落,造成打桩机械损伤。

(9)基坑开挖时,若一次开挖深坑或掏底开挖,支护开挖时,若支护不及时,可能导致开挖过程中深坑崩塌、冒顶片帮,如有人员在内来不及躲避,则会造成人员伤亡。

(10)通电设备若绝缘不良,用电不规范,可能造成人员触电事故。

(11)未设置基坑爬梯或基坑爬梯质量不合格,人员上下基坑时可能被高处坠落的物体砸伤,造成物体打击伤害。

(12)钢筋加工和绑扎过程中,若人员在钢筋上攀爬或靠近骨架且未穿戴安全防护设施,可能造成人员高处坠落或物体打击伤害。

(13)在结构防水作业时,若未按规定使用射钉枪,可能造成射钉飞出伤人,造成机械伤害。

二、风险控制重点

盖挖法和明挖法施工全过程中,应重点防范机械伤害、高处坠落伤害、物体打击伤害、掩埋和触电等事故。风险控制的重点在于:

(1)桩机钻架等机械工作前,应确保其基础牢固。

(2)导墙开挖应在其混凝土强度达到预期后方可进行。

(3)杜绝基坑掏底开挖,基坑开挖后应及时支护。

(4)建立健全安全用电制度,加强生活用电检查。

三、风险控制技术措施

(1)在注浆前,作业人员应规范作业且注意不要将注浆口对人。万一硬化前的浆液进入眼睛,必须立即进行充分清洗,并及时到医院治疗。

(2)注浆过程中,要求作业人员使用防护用具,并严格监督。

(3)对桩机钻架基础进行夯实、整平,移动走管钻架下应铺设枕木,垫起后应保持整机处于水平位置。

(4)钢筋笼接笼过程中,必须设置坚实牢固的作业平台,防止人员掉落孔中。接笼的电焊工的相关操作及要求参照钢筋笼加工的相关要求。施工作业平台必须规整平顺,杂物必须清除干净,防止拆除导管时将工作人员绊倒造成事故。

(5)混凝土灌注施工时,操作人员必须站在有防护栏杆的作业平台上,以防掉落孔中。导管提升不宜用力过猛,防止导管拉断,同时要防止将导管提离混凝土面,造成断桩事故。

(6)桩机机架的安设铺垫应平稳、牢固,防止机架倾覆造成人员伤亡和设备损坏。

(7)电气设备的电源应按有关规定架设安装。电气设备均须有良好的接地接零,接地电阻不大于4 Ω,并装有可靠的漏电保护装置。配电箱、启动柜内严禁放置非定点装配设施、杂物。严禁私拉乱接电线。

(8)搅拌桩机在移位前,应将临电线路、注浆管等设施先行疏解移位,严禁碰撞、碾压临电线路和注浆管等。

(9)土钉墙支护,应先喷射混凝土面层后施工土钉。

(10)喷射支护施工应紧跟土方开挖面。每开挖一层土方后,应及时清理开挖面,安设骨架、挂网、喷射混凝土,并符合下列要求:

①骨架和挂网应安装稳固,挂网应与骨架连接牢固。

②喷射混凝土过程中,应设专人随时观察土壁变化状况,发现异常必须立即停止喷射,采取安全技术措施,确认安全后,方可继续进行。

(11)钢板桩在卸桩过程中,吊车下禁止非操作人员来往或站人,并应设有专人指挥,同时在现场作业面周围应设立警示线。

(12)钢板桩打桩时,非操作人员应远离,做好警示线,同时应设有专人指挥现场作业,保证人员安全。

(13)钢板桩在打桩时,应先用钢丝绳套在桩机上,待桩机将钢板桩提立竖直后,再将钢板桩打入土基中,以防钢板桩滑落。

(14)配合机械作业的清底、平地、修坡等辅助工作应与机械作业交替进行。机上、机下人员必须密切配合,协同作业。当必须在机械作业范围内同时进行辅助工作时,应停止机械运转后,辅助工作方可进行。

(15)施工中若发现支撑松动、滑移、变形时,及时查找原因,采取核正、加固措施,重新施加预应力;施工时加强监测,支撑竖向挠曲变形在接近允许值时,必须及时采取措施,防止支撑挠曲变形过大,保证钢支撑受力稳定,确保基坑安全。

第十二章　自救逃生与救援

第一节　应急预案的编制与程序

一、应急预案的分类

任何生产活动都可能发生事故，尤其是在隧道施工过程中，由于工作环境的特殊性、施工技术的复杂性等原因，更容易出现安全事故，而一旦发生重大事故，往往会付出惨重的生命、财产和环境代价。但是，事故是不可能完全避免的，只能想方设法去降低事故发生的可能性和减少事故发生后造成的损失。

近年来，我国政府相继出台了一系列法律法规，对应急救援工作提出了相应的要求。例如，《安全生产法》中明确指出：单位负责人要组织相关人员制定并实施事故应急预案，并且要明确告知相关人员在何种时候采取何种应急措施。《建设工程安全生产管理条例》第四十八条规定："施工单位应当制定本单位生产安全事故应急救援预案，建立应急救援组织或者配备应急救援人员，配备必要的应急救援器材、设备，并定期组织演练。"

隧道施工可能面临多种类型的事故，在保证各预案之间整体协调性的前提下，应对各应急预案划分合理的层次。应急预案一般可以划分为三个层次：综合预案、专项预案和现场预案。

综合预案是指隧道施工的总体方案，是项目部在分析整个施工中的风险因素后制定的一个整体的规划。综合预案从隧道施工的实际情况出发，对应急组织结构及相应的职责、应急方针、应急政策进行总体的说明。

专项预案是针对隧道施工中某种具体的紧急情况（如针对隧道的塌方、爆炸、突泥突水等事故）而制定的应急措施。专项预案具有较强的针对性。

现场预案是更加详细且具有唯一性的应急措施，它是在专项预案的基础上结合事故发生现场的周边环境及外界条件，在详细分析的基础上，对应急救援中的各个方面做出具体、周密而细致的安排。如隧道塌方应急预案下的某段特殊地质条件下的应急预案。

应急预案是应急救援工作的指导文件，应急预案应与事故现场实际情况相符合，所以应急预案制定完成后要根据现场实际情况的变化不断地更新，保证应急预案的有效性。施工企业应保证定期演习，在应急演习结束后根据演习情况对应急预案进行评审，针对实际情况以及预案中所暴露出的缺陷，不断地更新、完善和改进。建立救援组织后，要对每一部门进行明确地分工，一旦事故发生，各部门要各行其责，使救援工作有序进行。

二、应急预案的编制要求

（1）隧道施工前，对下列可能发生重大安全事故的风险，必须进行危险源辨识和安全风险评估，并制定针对性的措施或应急预案：

①对瓦斯隧道、有突涌水风险的隧道，必须进行瓦斯防爆、防突及防突涌水的专项设计，制定专项施工安全技术方案及应急救援预案。

②对隧道内火灾、坍塌等风险，应制定应急救援预案。

③对其他自然灾害(大雨、强风、雪、雷、地震和海啸)可能造成安全事故的风险，应制定应急处理措施。

(2)参建各方必须建立应急组织机构及预警、指挥系统，指定专门的管理部门和人员负责应急救援预案管理工作。

(3)施工单位应与附近医院、消防队，邻近施工队伍及其他救援组织达成正式的互助协议，并做好相应的安排，确保在应急救援中及时得到外部救援力量和资源的援助。

三、应急预案的内容

(1)简述工程概况。

(2)预测、辨识和评估紧急情况或事故灾害及其后果对内、外部造成破坏的可能性及严重程度。

(3)规定应急救援各方组织的详细职责。

(4)明确应急救援行动的指挥和协调。

(5)明确应急救援资源配置要求。

(6)建立分级响应机制。

(7)制定具体详细的紧急情况或事故灾害发生时保护生命、财产和环境安全的应急措施。

四、应急救援程序

当隧道施工中发生险情时，应迅速作出判断，确定相应的响应级别，并按响应级别启动应急救援程序，同时根据下列各项要求，迅速开展事故的侦测、警戒、疏散、人员救助、工程抢险等有关应急救援工作。

(1)值班人员和安全负责人应立即通过警报装置通知隧道内所有作业人员紧急撤离。

(2)现场最高管理者应负责指挥疏散撤离，各级调度人员应坚守岗位，保持通信畅通，及时反馈人员撤离及险情出现情况等信息。

(3)应及时上报地方政府或相关救助部门，请求紧急救援，做好相关配合工作。

(4)现场应设立安全警戒线并采取隔离措施，防止其他人员进入危险区域，避免灾害损失的扩大。

(5)进行事故原因分析，收集事故物证，调查引发事故的具体原因和相关责任人。

(6)制定相应的预防措施和工程处理措施，上报建设、设计、监理和相关单位，按批复的方案对事故进行处理。

隧道灾害事故处理和救援应按图 12-1 所示的工作程序进行。

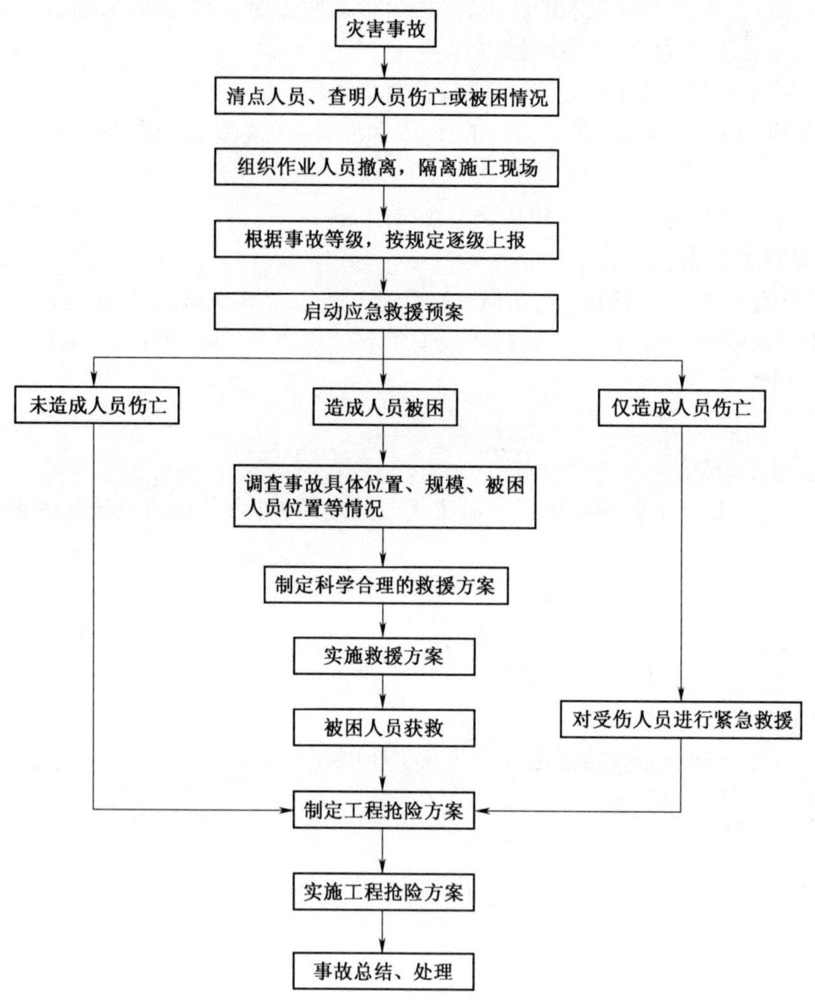

图 12-1　隧道灾害事故处理和救援工作程序

第二节　应急资源配置

一、应急设施

(1)隧道施工必须事先规划逃生路线,并在隧道适当位置设置避难、急救场所,避难处应准备足够数量的逃生设备、救护器械和生活保障品等。

(2)隧道施工中,应在一侧设置宽度不小于 0.7 m 的安全通道,用警示牌、安全标识等明示其位置,并设置必要的应急照明,安全通道上严禁放置任何障碍物。

(3)隧道内交通道路及开挖作业等重要场所必须设置安全应急照明和应急逃生标志,应急照明应有备用电源并保证光照度符合要求。

(4)隧道施工期间各施工作业面必须安装警报装置,警报装置的设置应符合下列规定:

①设置警报设备的场所应有应急照明,并在停电时能够识别。

②使用电源的警报设备应配备备用电源。

③警报设备应采用手动警报设备、自动警报设备、旋转灯、广播设备用的扩音器及其他警报设备，组合使用，互为备用，保证其性能可靠。

(5)隧道施工期间通信系统必须保证畅通，必要时应采用远程监控系统，及时掌握现场情况。同时应满足下列要求：

①必须在现场各应急组织相关部门、洞口值班室、开挖工作面及其他必要的地方设置通信设备。

②使用带电源的通话装置应配备备用电源，保证停电时不影响使用。

③通信设备应采用洞内有线电话，并保证其性能可靠。

二、应急救援物资与器材

隧道施工中必须配备必要的救援物资和设备器材，并设专人管理，对配备的应急救援机械设备、监测仪器、堵漏和清洗消毒材料、交通工具、个体防护设备、医疗设备和药品、生活保障物资等，应进行定期检查、维护和更新，确保应急救援物资和设备能随时投入使用。

(一)救援机械与设施

救援机械与设施包括：工程钻机、空压机、破拆与支护机具(湿喷机、液压支撑套具、手动破拆工具、气动破拆工具)、顶管掘进套具、挖装运机械(可利用施工所用的挖掘机、装载机、自卸车等)、抽水设备(突涌水所需)、排烟设备(主要是指通风机，发生火灾时尤其需要)、照明设备(主要是指移动式应急灯)、瓦斯与火灾救援设备设施(包括氧气自救呼吸器、氧气自动复苏机、手提灭火器、消防栓、消防水带与水枪、沙箱)、动力设备(主要是指发电机组)。

(二)便携式急救包

隧道施工应建立健全工作场所急救箱(包)配置制度，根据隧道不同工序为作业人员配备便携式急救包。洞内管理、作业人员应配备便携式急救包，进洞作业时随身携带。所有便携式急救包中均应放置一份急救手册，以备应急时使用。便携式急救包除便于携带外，还应具有防水、防火等功能。便携式急救包应急物品配置见表 12-1。

表 12-1　便携式急救包应急物品配置

种类及名称		数量	规格	说　明
生存食品	矿泉水	500 g		补充人体必需水分
	压缩饼干	10 g		补充人体必需热量
止血用品	卡扣式止血带	1 条	中号	用于肢体出血的结扎止血；缠绕上臂或大腿根部，可抽出加压
	创可贴	1 盒	70 mm×18 mm，6 贴	用于小创面、伤口包扎
应急辅助用品	救生口哨	1 个		在紧急情况可轻易吹出高频求救信号
	湿毛巾	1 条		火灾时应急防护
	应急手电	1 个		瓦斯隧道配矿灯，其他隧道配应急手电

(三)专业抢险救援队装备

作为施工单位，还应为隧道专业抢险救援队配备相应的装备，表 12-2 列出了隧道专业抢险救援队装备的最低要求配置。

表 12-2　隧道专业抢险救援队装备最低要求配置

序号	种类及名称		数量	规格	说　明
1	生存食品	矿泉水	12 kg		补充人体必需水分
2		压缩饼干	1 kg		补充人体必需热量
3	止血用品	卡扣式止血带	10 条	中号	用于肢体出血的结扎止血
4		三角形绷带	10 条	96 mm×96 mm ×136 cm	可用作吊带,固定骨折部位和伤口敷料
5		卷式固定夹板	10 套	90 cm×11 cm	对骨折伤员进行临时固定
6		止血垫	5 包	20 cm×10 cm	用于伤口压迫止血,吸血及伤口渗液
7	急救用品	急救毯	10 个	140 cm×210 cm	隔热防冷功能,亦可用于反光示警
8		自救呼吸器	4 个	大于 60 min	具有防毒、防烟等功能
9	烧伤用品	烧伤敷料	5 包	60 cm×40cm	烧伤时外用,将烧伤敷料后外贴于烧伤部位
10	药品	消毒药品			根据主要风险类型,咨询医疗专家,结合洞内作业人员数量合理配置。主要应包括伤口消毒、防止感染等药品
11		消炎药品			
12		止痛药品			
13		多种维生素			
14		其他药品			
15	应急用品和工具	多功能钳	2 个		具有剪断、破拆、撬动等多种应急使用功能
16		防水火柴	2 盒		整体防水,可防二级风。瓦斯隧道严禁配置
17		应急手电或矿灯	2 把		瓦斯隧道配专用矿灯,其他隧道配应急手电
18		救生口哨	2 个		在紧急情况可轻易吹出高频求救信号
19		急救手册	1 本		供被困人员自救、互救时查阅用
20		配置单及说明书	1 本		供被困人员自救、互救时查阅用

(四)逃生管道

(1)抢险救援时应利用预设的逃生管道迅速与被困人员取得联系。

(2)隧道施工时,在Ⅳ、Ⅴ级及以上围岩地段必须预先设置逃生通道,以确保隧道掘进过程中施工人员的人身安全。

(3)在隧道的掌子面开挖、喷锚、支护及仰拱部位的开挖、浇筑混凝土的过程中,均必须确保逃生通道的完好,救生管道设置到位,并随着掌子面的不断掘进而向前移动。

(4)隧道逃生管道布设应符合如下要求:

①逃生通道所用管材采用 $\phi600\sim\phi800$ mm 的承插钢管,管节长度为 6 m,壁厚不小于 10 mm,管节间可采用直径大于逃生管道 10 cm 的套管连接,每端连接 1 m,采用橡胶圈或木楔临时固定。为保证管道能承受坍塌体的压力,对采用的材质管材,必须确保其承压能力和连接头的牢固,并经实验室具体试验后,方可用于隧道中。

②施工现场应根据隧道围岩、掘进开挖方式等情况备足管道和连接材料,除整节管道外,应同时备足 1 m、2 m、3 m 短节管道及转接接头(135°)等。

③管道须经加工方可使用,各单位可结合材质及现场实际情况分别进行加工,要求连接简单、牢固、紧密可靠,且在地面做好临时固定措施,施工时管口可加临时封盖,并易于打开和封

闭。管道连接横断面如图 12-2 所示。

④逃生通道设置位置如图 12-3 所示,设置起点为最新施作好的二衬端头处,距二衬端头距离不得大于 5 m,从衬砌工作面布置至距离开挖面 20 m 以内的适当位置,管道沿着初期支护的一侧向掌子面铺设,管内预留工作绳,方便逃生、抢险、联络和传输各种物品。承插钢管纵向连接可采用链条等措施,防止坍塌时将钢管冲脱。

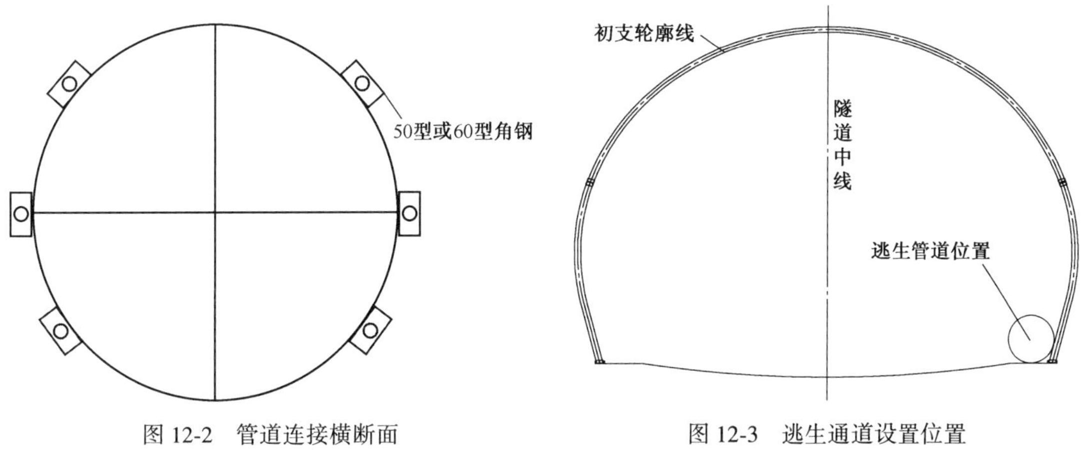

图 12-2　管道连接横断面　　图 12-3　逃生通道设置位置

⑤逃生管道在二衬台车移动就位过程中,临时拆移时应逐节拆除,严禁一次拆除到位,以随时确保逃生管道的效用。

⑥逃生管道在经过掘进台阶时,应按顺延台阶布置,可安装 135°转接接头顺延,其管道架空高度和长度以不影响施工并便于开启逃生窗口为宜。

⑦设置的逃生管道应平整、干燥、顺畅,不得作应急逃生以外用途。

⑧逃生管道布设不得少于 60 m。

第三节　应急救援培训与演练

为提高救援人员的技术水平与救援队伍的整体能力,以便在事故的救援行动中达到快速、有序、有效的效果,经常性地开展应急救援培训、训练或演习应成为救援队伍的一项重要的日常性工作。

根据现场实际情况,必须定期组织应急预案的桌面演练或模拟演练。演练前应结合施工环境的改变和以往演练的情况制定计划,演练后应及时评审,并不断改进和完善应急救援体系。

一、应急救援培训与演练的指导思想及基本任务

应急救援培训与演练的指导思想:以加强基础、突出重点、边练边战、逐步提高为原则。

应急救援培训与演练的基本任务:锻炼和提高救援队伍在突发事故情况下的快速抢险堵源、及时营救伤员、有效消除危害后果、开展现场急救和伤员转送等应急救援技能和应急反应综合素质,有效降低事故危害,减少事故损失。

二、应急救援培训

(一)应急救援培训需求分析

制定培训计划之前,首先要对应急救援系统各层次和岗位人员进行工作和任务分析,根据培训者在应急工作中的职责和任务确定该应急岗位所要达到的能力要求,制定一个“工作/任务摘要”,这样能够明确学习目标和培训后受训者希望的效果。

工作/任务摘要简表的基本格式应该包括以下内容:

(1)使命:岗位的总体目标。

(2)重要职责:按职责对工作全面说明。

(3)任务:每项职责下要履行的各种任务。

(4)任务说明:明确说明责任人该怎么做。

(5)小组与个人:个人执行任务和小组执行任务之间的区别。

(二)应急救援培训基本内容

隧道内所有施工作业人员必须经过应急救援培训。应急救援培训应包括下列内容:

(1)了解潜在危险的性质和对健康的危害。

(2)熟悉应急救援程序。

(3)掌握必要的自救及互救知识。

(4)了解预先指定的主要及备用逃生路线、集合地点及各种避难急救场所位置。

(5)了解各种警报含义,掌握警报设备、通信装置、避难器具等的使用方法。

三、应急救援训练与演习

(一)应急救援训练与演习的目的

应急救援训练是指通过一定的方式来获得或提高应急救援技能。应急救援演习是指按一定程式所开展的救援模拟演练。它们的主要目的在于测试应急系统的充分性和保证所有反应要素都能全面应对任何应急情况。

演习的目的是:验证应急预案的整体或关键性局部是否可能有效地付诸实施;验证预案在应对可能出现的各种意外情况方面所具备的适应性;找出预案可能需要进一步完善和修正的地方;确保建立和保持可靠的通信联络渠道;检查所有有关组织是否已经熟悉并履行了他们的职责;检查并提高应急救援的启动能力。

(二)应急救援训练类型

应急训练的基本内容主要包括基础训练、专业训练、战术训练和自选科目训练四类。

1. 基础训练

基础训练是应急队伍的基本训练内容之一,是确保完成各种应急救援任务的前提基础。基础训练主要是指队列训练、体能训练、防护装备和通信设备的使用训练等内容。训练的目的是使应急人员具备良好的战斗意志和作风,熟练掌握个人防护装备的穿戴、通信设备的使用等。

2. 专业训练

专业技术关系到应急队伍的实战水平,是顺利执行应急救援任务的关键,也是训练的重要内容。主要包括专业常识、堵源技术、抢运和清消,以及现场急救等技术。通过训练,救援队伍应具备一定的救援专业技术，有效地发挥救援作用。

3. 战术训练

战术训练是救援队伍综合训练的重要内容和各项专业技术的综合运用，是提高救援队伍实践能力的必要措施。通过训练，使各级指挥员和救援人员具备良好的组织指挥能力和实际应变能力。

4. 自选科目训练

自选科目训练可根据各自的实际情况，选择开展如防化、气象、侦险技术、综合演练等项目的训练，进一步提高救援队伍的救援水平。在开展训练科目时，专职性救援队伍应以社会性救援需要为目标确定训练科目；而单位的兼职救援队应以本单位救援需要，兼顾社会救援的需要确定训练科目。

救援队伍的训练可采取自训与互训相结合、岗位训练与脱产训练相结合、分散训练与集中训练相结合的方法。在时间安排上应有明确的要求和规定。为保证训练效果，在训练前应制定训练计划，训练中应组织考核、验收和评比。

（三）应急演习类型

应急演习是一种综合性的训练，也是训练的最高形式，演习应该在培训和训练后进行。演习是在模拟事故的条件下实施的，是更加逼近实际的训练和检验训练效果的手段。事故应急演习也是检查应急准备周密程度的重要方法，是评价应急预案准确性的关键措施。演习的过程也是参演和参观人员学习和提高的过程。

不论什么性质的演习，都可以分为全面演习、组合演习和单项演习。演习既可在室外也可在室内进行。演习既可由机关单独进行，以指挥、通信联络为主要内容；也可由机关带部分应急救援专业队伍进行演练。要注意，复杂的训练应在较简单的训练之后进行。例如，在进行全范围训练之前，应该完成一项或多项功能训练。这种渐进式方法保证训练的复杂性不超过参加者执行任务的能力。

1. 单项演习

这是为了熟练掌握应急操作或完成某种特定任务所需的技能而进行的演习。这种单项演习或演练是在完成对基本知识的学习以后才进行的。根据不同事故应急的特点，单项演习的大体内容有：

（1）通信联络、通知、报告程序演练。

（2）人员集中清点、装备及物资器材到位（装车）演练。

（3）化学监测动作演练：固定监测网络中各点之间的配合，快速出动实施机动监测，食物、饮用水的样品收集与分析，危害趋势分析等。

（4）化学侦察动作演练：对事故发生区边界确认行动，对危害区边界变化情况时判定行动，对滞留区地点及危害程度侦察等。

（5）防护行动演练：指导公众隐蔽与撤离，通道封锁与交通管制，发放药物与自救互救练习，食物与饮用水控制，疏散人员接待中心的建立，特殊人群的行动安排，保卫重要目标与街道巡逻的演练等。

（6）医疗救护行动演练。

（7）消毒去污行动演练。

（8）消防行动演练。

(9)公众信息传播演练。

(10)其他有关行动演练。

2. 组合演习

这是一种为了发展或检查应急组织之间及其与外部组织之间的相互协调性而进行的演习。由于部分演习主要是为了协调应急行动中各有关组织之间的相互协调性,所以演习可涉及各种组织,如化学监测、侦察与消毒去污之间的衔接;发放药物与公众撤离的联系;各机动侦察组之间的任务分工及协同方法的实际检验;扑灭火灾、消除堵塞、堵漏、关闭阀门等动作的相互配合练习等。通过带有组合性的部分联系,可以达到交流信息的目的,加强各应急救援组织之间的配合协调。

3. 全面演习(综合演习)

这是应急预案内规定的所有任务单位或其中绝大多数单位参加的为全面检查执行预案可能性而进行的演习。主要目的是验证各应急救援组织的执行任务能力,检查他们之间的相互协调能力,检验各类组织能否充分利用现有人力、物力来减小事故后果的严重度及确保公众的安全与健康。这种演习可展示应急准备及行动的各方面情况。因此,演习设计要求能全面检查各个组织及各个关键岗位上的个人表现。通过演习,应该能发现应急预案的可靠与可行度,能发现预案中存在的主要问题,能提供改善预案的决策性措施。全面演习要考虑公众的有关问题,尤其要顾及危险源区附近公众的情绪,使公众能够正确评价危害的性质,从而使推荐的防护措施能得到公众的确认。公众信息传播部门应借助全面演习的机会,向有关公众宣传演习的目的,以及当真实事故发生时,应该采取的一些措施。必要时可组织公众中骨干力量参观,甚至参加演习。全面演习应在单项和组合演习进行后实施,并应有周密的演习计划,严密的演习组织领导,充分的准备时间。

全面演习是最高水平的演习,并且是演习方案的高潮。全面演习是评价应急系统在一个持续时期里的行动能力。它通过一个高压力环境下的实际情况,检验应急救援预案的各个部分。一个全面演习需要很长的准备时间,一般超过 3 个月。这是因为必须保证演习应急预案所规定的行动、响应机构必须做的事、资源转移、开放避难所、派遣车辆等。应急救援指挥中心作为全面演习的一部分,全面投入该项活动。

必须指出,演习特别是全面演习,主要是在宏观上检验应急预案的可靠性与可行性,为修正预案提供依据。同时,也为各个应急救援专业组织之间、应急救援指挥人员之间的协作提供实际配合的机会,以提高他们的协同能力和水平。

四、参与人员及其任务

应急演练的参与人员包括参演人员、控制人员、模拟人员、评价人员和观摩人员。这五类人员在演练过程中都有着重要作用,并且在演练过程中都应佩戴能表明其身份的识别符。

(一)参演人员

参演人员是指在应急组织中承担具体任务,并在演练过程中尽可能对演练情景或模拟事件做出真实情景下可能采取的响应行动的人员,相当于通常所说的演员。参演人员所承担的具体任务主要包括:

(1)救助伤员或被困人员。

(2)保护财产或公众健康。

(3)获取并管理各类应急资源。

(4)与其他应急人员协同处理重大事故或紧急事件。

(二)控制人员

控制人员是指根据演练情景,控制演练时间进度的人员。控制人员根据演练方案及演练计划的要求,引导参演人员按响应程序行动,并不断给出情况或信息,供参演的指挥人员进行判断、提出对策。其主要任务包括:

(1)保证规定的演练项目得到充分地演练,以利于评价工作的开展。

(2)保证演练活动的任务量和挑战性。

(3)保证演练的进度。

(4)解答参演人员的疑问、解决演练过程中出现的问题。

(5)保障演练过程的安全。

(三)模拟人员

模拟人员是指演练过程中扮演、代替某些应急组织和服务部门,或模拟紧急事件、事态发展的人员。其主要任务包括:

(1)扮演、替代正常情况下或响应实际紧急事件时应与应急指挥中心、现场应急指挥部相互作用的机构或服务部门人员。

(2)模拟事故的发生过程,如释放烟雾、模拟气象条件、模拟坍塌等。

(四)评价人员

评价人员是指负责观察演练进展情况并做记录的人员。其主要任务包括:

(1)观察参演人员的应急行动,并记录观察结果。

(2)在不干扰参演人员工作的前提下,协助控制人员确保演练按计划顺利进行。

(五)观摩人员

观摩人员是指来自有关部门、外部机构以及旁观演练过程的观众。

五、演练实施的基本过程

由于应急演练是由许多机构和组织共同参与的一系列行为和活动,因此应急演练的组织和实施是一项非常复杂的任务,建立应急演练策划小组(或领导小组)是成功组织和开展应急演练的关键。策划小组应由多种专业人员组成,包括来自公安、消防、医疗急救、应急管理等部门的人员,以及新闻媒体、企业的代表等。为确保演练的成功,参演人员不得参加策划小组,更不能参与演练方案的设计。

综合性应急演练的过程可划分为演练准备、演练实施和演练总结3个阶段,策划小组各阶段的基本任务为:

(1)演练准备阶段:

①确定演练日期;

②确定演练目标和演示范围;

③编写演练方案;

④确定演练现场规则;

⑤确定评价人员;

⑥安排后勤工作;

⑦准备和分发评价人员工作文件;

⑧培训评价人员;

⑨讲解演练方案与演练活动。

(2)演练实施阶段:记录参演组织的演练表现。

(3)演练总结阶段:

①评价人员访谈演练参演人员;

②汇报与协商;

③编写书面评价报告;

④演练参与人员自我评价;

⑤举行公开会议;

⑥通报不足项;

⑦编写演练总结报告;

⑧评价和报告补救措施;

⑨追踪整改项的纠正。

六、演练结果的评价

应急演练结束后,应对演练的效果作出评价,并提交演练报告,详细说明演练过程中发现的问题。按照对应急救援工作及时有效性的影响程度,将演练过程中发现的问题分为不足项、整改项和改进项。

第四节　险情与事故处理

一、隧道内瓦斯燃烧、中毒、爆炸险情处理

(一)基本程序

(1)立即切断洞内所有施工及照明线路电源。

(2)立即停止施工,作业人员全部撤出,同时清点施工人数,确认人员伤亡情况。

(3)立即报告应急抢险领导小组,并及时上报相关单位。

(4)派专人封锁现场,防止无关人员进入危险区域。

(5)应急抢险救援指挥组织人员现场勘察,立即对遇险、受伤人员组织急救。

(6)非救护队成员不得进洞抢救,救护队在执行任务前,必须了解事故性质,并制定侦察工作的安全措施,方可进入事故区进行侦察。救护队必须在统一指挥下开展抢救工作,严禁个人单独行动。

(7)可供临时处置的供氧呼吸机、清洗器具、急救箱、担架等医药卫生设备及时到位。

(8)救助受困人员至安全地带,撤离施工设备。

(9)事故处理救护基地应设在安全区附近新鲜风流中的安全地带,对受伤的人员进行临时处治,防止伤势恶化。

(10)应立即与当地医疗单位联系,将受伤人员就近转送医院治疗。

(11)事故调查及处理。

（二）瓦斯爆炸风险源识别

1. 瓦斯爆炸的特点

瓦斯爆炸事故必须具备的两个因素是爆炸性瓦斯和火源的存在（足够的含氧量对于瓦斯爆炸事故来说这一条件是满足的，不予考虑），而瓦斯和火源均属于实体型危险源（固有型危险源）。

瓦斯爆炸事故中，瓦斯和火源具有以下一些主要特性：

（1）任意性和不确定性：指爆炸性的瓦斯和火源出现的时间和地点具有任意性和不确定性。

（2）非瞬时性：指爆炸性瓦斯的出现往往不是短暂的、瞬时的，而据大量瓦斯爆炸事故和爆炸发生的可能性来看，往往是在相对较长的一个时间段内存在的。

（3）非唯一性：指爆炸性瓦斯和火源的存在是导致瓦斯爆炸事故的必备因素，而这两者缺一不可。

（4）可控性（可防性）：在此研究的瓦斯爆炸事故危险源都具有可以控制的特性，如果所研究的危险源是无法控制和防范的，则便失去了研究的必要性和可能性。

（5）普遍性和具体性：指在瓦斯爆炸事故中爆炸性瓦斯和火源的存在以及这两者的结合导致瓦斯爆炸事故的发生有着许多共同的原因，但也随着其他具体条件和环境的不同而不尽相同。因而在进行瓦斯爆炸事故危险源的辨识过程中，应以具体施工资料为前提，充分结合大量瓦斯爆炸事故资料来进行。

2. 瓦斯积聚原因

瓦斯积聚的主要原因可以分为以下几大类：通风设施设备原因、通风系统（不含设施设备）原因、瓦检人员原因、综合性因素等。

（1）通风系统的原因。主要有：串联通风；巷道堵塞造成风量不足；风速过低；贯通时未能及时通风；通风系统不合理；通风系统不完善；通风系统不稳定；风流短路；局扇循环风等。

（2）通风设施设备的原因。主要有：风机故障；通风设施漏风；局扇循环风；通风设施损坏；通风设施不合格；风机安装不合格；局部风机机型不当或陈旧；报警断电仪失灵或故障；随意开停风机；放炮造成瓦斯积聚；无计划停电导致停风；排放瓦斯过程不当等。

（3）瓦斯检查人员的原因。主要有：瓦斯检测员脱岗；瓦斯检测不及时；瓦斯漏检；瓦斯积聚时处理不当；盲巷未能及时密封。

（4）综合性因素。主要有：没有及时处理积聚瓦斯；没有按时检查；瓦斯漏检情况和地质变化瓦斯涌出。对于没有按时检查与瓦斯漏检情况，在某种程度上又可以将其分为人为原因和非人为原因等，但再继续讨论也没有太大的意义，也不便于进行归类，故此，将其视为基本事件来看。对于没有及时处理积聚瓦斯，可分为：报警断电仪失灵；报警断电装置位置不当；瓦斯积聚时处理不得力；采空区瓦斯涌出等。

3. 火源的存在

对瓦斯爆炸事故来说，火源的存在是一个很重要的因素。没有火源，无论瓦斯处于何种危险状态，瓦斯爆炸事故将不可能发生。同时，火源也是很难控制和管理的。

瓦斯爆炸中，火源危险源包括以下几个方面：综合性火源、电气火源、放炮火源、摩擦撞击火源等。

（1）综合性火源。通过对大量的爆炸与火灾事故进行分析，认为隧道内综合性火源主要有:吸烟所带来的明火源、人为拆卸照明灯具所带来的火源、煤炭自燃火源以及带电检修等。

(2)电气火源。电气火源是隧道内极其复杂的一类火源,通过大量的火灾与爆炸事故分析可知,电气火源主要包括以下几类:电焊和气焊火源;变压器电机、开关内短路;电压高绝缘击穿短路;电缆线其他原因短路;电缆受机械损伤;带电检修;电机车火花;设备失爆;局扇原因所致;接线盒失爆或接线盒抽线;电缆接线不良等。

(3)放炮火源。放炮火源指的是在放炮过程中各种可能的原因产生的火源,主要有以下几个方面:抵抗线不足;装药连线不当;分段放炮;放炮器出火;炸药质量不合格(包括炸药变质);封泥不足等。

(4)摩擦撞击火源。摩擦撞击火源指的是各类隧道内物质、设施、设备相互撞击摩擦所产生的火花;运输设施设备产生的火花;电机车火花等。

4. 人员因素

(1)人因危险源

人因危险源主要包括:人员生理负荷超限;健康和心理状况异常;生理缺陷。

①人员生理负荷超限:a. 体力负荷超限;b. 视力负荷超限;c. 听力负荷超限;d. 其他负荷超限。

②健康和心理状况异常:a. 心理异常;b. 身体异常;c. 冒险心理。

③生理缺陷:a. 先天性生理缺陷;b. 事故因素造成的生理缺陷。

(2)管理危险源

管理危险源主要包括:指挥失误;操作失误;救护措施不力;管理不力等。

①指挥失误:a. 指挥救灾失误;b. 洞内工作指挥失误;c. 洞外调度室指挥失误。

②操作失误:a. 不懂原理的误操作;b. 精力不集中而导致的误操作;c. 违章操作;d. 素质差,技术水平低,反应迟钝而导致的误操作;e. 其他原因的误操作。

③救护措施不力:a. 灾害事故发生时,未能及时进洞进行抢救;b. 洞内救灾不力;c. 对洞内灾害判断不准而导致救灾措施不当;d. 救灾人员数量不够而导致事故的扩大;e. 救灾人员的经验不足而导致新的事故或人员伤亡。

④管理不力:a. 安全奖惩制度不严;b. 工人安全培训教育不够;c. 干部安全意识淡漠;d. 重生产而轻安全;e. 安全责任不明确;f. 技术管理混乱;g. 安全监督管理不力;h. 安全投入不足,装备不完善;i. 其他原因的管理不力而导致事故。

(三)事故逃生与自救

(1)隧道内发生瓦斯燃烧、中毒、爆炸险情后,应采取下列措施:

①立即切断洞内所有施工及照明线路电源。

②立即停止施工,作业人员全部撤至洞外。

③立即报告应急抢险领导小组。

④非救护队人员禁止进入危险区域,避免灾害损失的扩大。

(2)隧道发生瓦斯爆炸事故时,一般都会有强大的爆炸声和连续的空气振动,产生很强的高温气浪,并产生大量的有害气体。这时候,井下人员一定要沉着,不要乱跑乱喊,积极采取自救逃生措施。

(3)作业期间施工人员发现异常情况(附近空气有颤动,有时还发出咝咝的空气流动声,一般认为这是瓦斯爆炸前的预兆)时,要沉着、冷静,立即撤离。当来不及撤离时,应立即采取防止爆炸伤害的措施,具体方法是:背向空气颤动的方向,俯卧在地;面部贴在地面;闭住气暂停呼吸;用毛巾捂住口鼻,防止吸入大量的高温有害气体;用衣物遮住身体,尽量减少身体的暴露面积。

(4)如发生小型爆炸(掘进巷道和支架基本未遭破坏,遇险作业人员未受直接伤害或受伤不重),应立即打开随身携带的自救器,佩戴好后立即撤出巷道,到达空气新鲜处。对于附近的伤员,应协助其佩戴好自救器,帮助伤员撤出危险区。不能行走的伤员,在靠近新鲜空气30~50 m 范围内,要设法抬运到新鲜风流处;如距离远,则只能为其佩戴自救器,不可抬运。撤出灾区后,要立即向上级报告。

(5)如发生大型爆炸(掘进巷道遭到破坏,退路被堵,遇险作业人员受伤不重),应佩戴好自救器,千方百计疏通巷道,尽快撤到新鲜风流处。如巷道难以疏通,应坐在稳定的岩壁下面或利用一切可能的条件构筑临时避难硐室,在外面建挡风设施防止有害气体侵入,等待救助。待救时,要相互安慰,稳定情绪,注意检查待救地点的安全情况,并有规律地发出呼救信号。对于受伤严重的作业人员,也要为其佩戴好自救器,使其静卧待救。

(6)听到爆炸声时,在爆炸的一瞬间,要尽量屏住呼吸(防止吸入大量的高温有害气体),迅速背向空气振动的地方,脸向下卧倒,头要尽量低些,用湿毛巾捂住口鼻(有自救器的应戴好),用衣服等物盖住身体,使肉体的外露部分尽量减少;如边上有水坑,可侧卧于水中。距离爆炸中心较近的作业人员,在采取上述自救措施后,迅速撤离现场,防止二次爆炸的发生。

(7)若隧道坍塌被堵隔,应耐心地等待救援。避灾时,听从指挥,主动照顾受伤的人员,并严格控制矿灯的使用。

(8)对中毒人员,应将其搬运到新鲜风流中,安置在地面平坦处,清除伤员口鼻内的黏液、血块、泥土等;并解开上衣,脱去胶靴。

(9)中毒处理措施如下:

①现场人员发现有中毒人员(一般认为眼睛红肿、流泪、畏光、咳嗽、喉痛、胸闷为中毒症状),应立即通知应急小组成员。

②现场人员应先用湿毛巾捂住口鼻抢救中毒人员,并将中毒人员移到通风良好、空气新鲜的地方,注意保暖。

③拨打“120”急救电话,详细说明中毒的症状、反应及事故地点,并派人到路口接应。

④确保中毒人员呼吸道通畅,对神志不清者应将其头部偏向一侧,以防止呕吐物吸入呼吸道引起窒息。

(10)救护队在执行任务前,必须先了解事故性质,并制定侦察工作的安全措施,方可进入事故区进行侦察;救护队必须在统一指挥下开展抢救工作,严禁个人单独行动。

(11)侦察救人时,注意观察隧道情况,防止冒顶。

(12)救助受困人员至安全地带后,对受伤的人员应进行临时救治,防止受伤人员伤势恶化。

(四)瓦斯灾害事故抢险救援

(1)隧道瓦斯事故灾害主要有瓦斯爆炸、煤与瓦斯突出、瓦斯火灾等。

(2)隧道瓦斯灾害应以预防为主,采用多种超前地质预报手段了解掌握开挖工作面前方的煤层和瓦斯状况,根据不同情况可采取加强通风、加强支护、注浆封堵、钻孔引排等措施进行预防。同时,必须构建覆盖全隧道危险部位的瓦斯实时监测网络,全面、系统、准确地把握隧道内瓦斯信息,有效实施灾害预警。

(3)隧道一旦发生瓦斯爆炸,通风会补充灾后洞内氧气,构成二次爆炸的条件,极可能引发后续瓦斯爆炸。故发生瓦斯爆炸后,不能盲目进行通风,也不能盲目进入隧道救援。

(4)隧道发生瓦斯灾害事故,救援环境恶劣复杂,次生灾害极易发生,一般的救援队无法承担瓦斯灾害救援任务,必须由专业的矿山救护队完成。

(5)瓦斯隧道施工前,施工单位必须和就近的矿山救护队建立联系,签订救援协议,进行联合救援演习及矿山救护相关知识的培训,建立协同救援体系,明确协同救援各方任务。

(6)瓦斯爆炸后,施工单位应立即在现场设立安全岗哨,禁止人员进人危险区域,并启动应急预案,配合矿山救援队进行救援。瓦斯灾害抢险救援流程如图12-4所示。

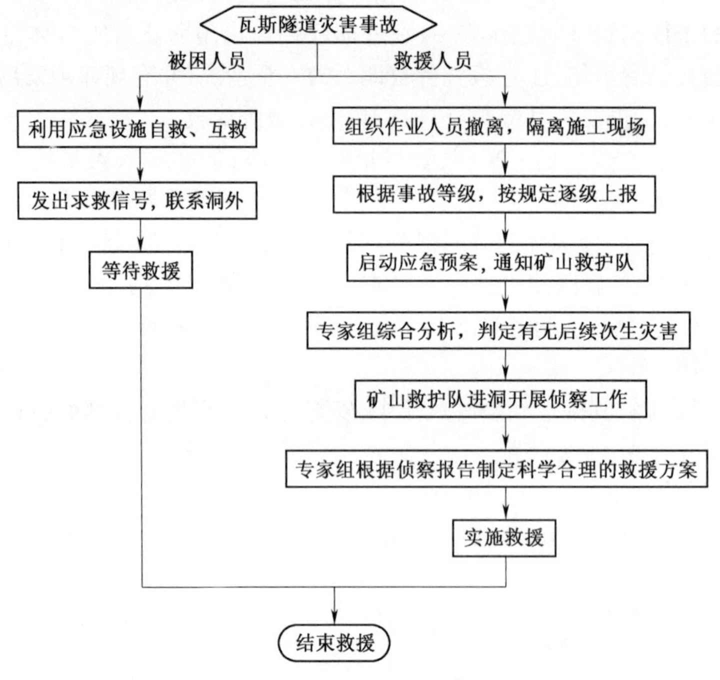

图12-4 瓦斯灾害抢险救援流程图

(7)为配合矿山救护队开展救援工作,施工现场尚须按表12-3配备有关救援装备和器材。

表12-3 施工现场救援装备和器材配置

类别	装备名称	要求	数量	单位	备注
个人防护	4 h呼吸器		2	台	
	2 h呼吸器		2	台	
	自动苏生器		2	台	
	自救器	压缩氧	30	台	
灭火装备	干粉灭火器	8 kg	20	个	
	水枪	开花、直流	4	支	
	水龙带	直径2.5英寸和2英寸(63.5 mm和50.8 mm)	400	m	

续上表

类别	装备名称	要求	数量	单位	备注
检测仪表	氧气呼吸器校验仪		1	台	
	氧气检定器		2	台	
	瓦斯检定器	10%、100%	4	台	各2台
	一氧化碳检定器		2	台	
	风表	中、低速	2	台	各1台
	温度计	0~100 ℃	2	支	
	干湿温度计		2	支	
装备工具	液压剪刀		1	把	
	防爆工具		1	套	锤、斧、镐、锹、钎等
	大绳	直径30 mm、长30 m	2	根	
	保温毯	棉织	3	条	
	寻人仪		1	台	
	绝缘手套		3	副	
	瓦工工具		1	套	

注:救援装备和器材配置应结合隧道实际救援方案进行调整。

二、隧道突涌水险情处理

(一)基本程序

(1)突然遇到大面积渗漏水时,应即令工人停止工作,撤至安全地点,同时应对出水部位、水量大小、变化规律、水的浑浊程度等进行观测记录,采取必要的防护措施,并上报监理。

(2)在爆破作业后突然发生特大涌水,当洞内设有防水闸门时,作业人员应立即启动报警系统,关闭防水闸门,按既定的逃生路线进行洞内人员和机械设备的撤离,并利用防水闸门处安设的大功率抽水机对突涌水段进行抽排水;当洞内未设防水闸门时,作业人员应按既定的逃生路线立即撤出。

(3)在开挖作业过程中发生特大突涌水,开挖工作面人员应立即沿逃生路线迅速向洞外或避难所撤离,同时启动报警系统,发出警报信号,迅速切断电源,启动应急照明。当涌水量较大时,人员可利用事先准备的救生圈、皮划艇等进行逃生。

(4)及时上报相关单位。

(5)对遇险、受伤人员组织急救。

(6)突涌水保持稳定后,利用大功率抽水设备进行排水。

(7)在涌水量及水压降低后进行机械设备的急救。

(8)采取必要的措施对突涌水进行封堵及事故处理。

(二)征兆识别

1. 临近断层破碎带的前兆

(1)节理组数的急剧增加,临近断层破碎带时,节理组数可多达6~12组。

(2)临近断层破碎带时,出现牵引褶曲或牵引褶皱。

(3)临近断层破碎带时,有时会出现由弧形节理组成的反倾节理。

(4)临近断层破碎带时,一般岩石强度都明显降低。

(5)逆断层为主的断层破碎带附近会出现压裂岩和碎裂岩(多数情况下出现夹泥或铁锈压裂岩、碎裂岩),平移断层为主的断层破碎带附近的派生节理密度明显增加。

(6)临近富水断层前断层下盘泥岩、页岩等隔水岩层明显湿化、软化或出现淋水现象和其他水流痕迹的出现。

2. 临近大型溶洞水体的前兆

(1)出现较多的铁锈或夹泥的裂隙。

(2)小溶洞出现的频率增加。

3. 临近暗河的前兆

(1)出现大量铁染裂隙或小溶洞。

(2)大量出现的小溶洞含有河砂。

(3)钻孔中的涌水量剧增,且夹有泥砂或小砾石。

4. 水质变化

实践证明,隧道涌水的水质变化能间接反映隧道突水的风险状态。一般情况下,如果水质澄清且没有变化,则发生突水的可能性很小。如果水质由澄清变浑浊,则为隧道突水突泥前兆。

(三)事故逃生与自救

(1)发生突涌水灾害后,洞内作业人员应按以下程序自救和互救:

①立即发出险情讯号,并按逃生路线有序撤离。

②遇险人员应尽力利用预设的钢筋爬梯、逃生台架和救生圈脱险,利用逃生绳逐步转移到安全地带。

③发出求救信号,尽可能与救援人员取得联系,报告有关情况。

(2)突然遇到大面积渗漏水时,应立即停止工作,按既定的逃生路线有秩序地向洞外或避难场所撤离,严禁慌乱和争抢道路。同时启动报警系统,发出警报信号,并迅速切断电源,启动应急照明。当涌水量较大时,人员可利用事先准备的救生圈、皮划艇等进行逃生。

(3)被水围困后,应用敲击的方法,有规律地、间断地发出呼救信号,向营救人员指示躲避处的位置。

(4)被困人员要做好长时间避灾的准备,除轮流担任岗哨观察水情的人员外,其余人员均应静卧,以减少体力和空气的消耗。

(5)被困期间断绝食物后,即使在饥饿难忍的情况下,也应努力克制自己,绝不嚼食杂物充饥。需要饮用隧道内的水时,应选择适宜的水源,并用纱布或衣服过滤。

(6)遇险时,应靠近巷道的一侧,抓牢支架或其他固定物体;尽量避开压力水头和泄水流,防止被涌水冲倒或冲走,并注意防止被水中流动的石渣等坚硬物体撞伤。

(7)人员撤退到竖井,需从梯子间上去时,应遵守秩序,禁止慌乱和争抢。行动中手要抓牢,脚要蹬稳,切实注意自己和他人的安全。

(8)如唯一的出口被水封堵,无法撤退时,应有组织地在安全区域躲避,等待救护人员营救,严禁盲目潜水逃生等冒险行为,因为这种行为易被水中杂物缠绕或撞击而溺水死亡。

(9)发生突涌水事故后,严禁在不佩戴防护器具的情况下冒险进入灾区;否则不仅达不到抢险救灾的目的,反而会造成自身伤亡,扩大事故。

(10)长时间被困在隧道内,发觉救护人员到来营救时,遇险人员不可过度兴奋。得救后,不可吃硬质和过量的食物,要避开强烈的光线,以防发生意外。

(四)突涌水灾害抢险救援

(1)突涌水灾害抢险救援关键是应事前落实预设洞内逃生设施,灾害发生后尽快组织进洞搜救,迅速将遇险人员运出。

(2)具有突涌水灾害风险的隧道,设计单位应设计逃生爬梯、逃生绳、逃生台架等具体的应急逃生、疏散、自救设施,并加强对现场的技术交底、指导和配合工作。

(3)建设各方应强化现场施工管理,结合超前地质预报,科学合理制订施工方案防止水灾事故发生。

(4)突涌水灾害救援首先应通过联动报警,利用应急照明,预设逃生设施,组织有序逃生自救;同时启动抽水设备尝试灾害控制,并组织救援队伍进洞开展搜救。抢险救援流程如图12-5所示。

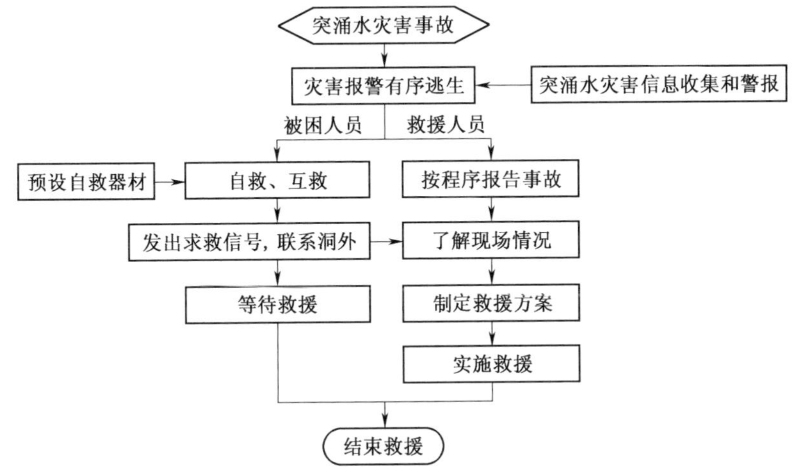

图12-5 突涌水灾害抢险救援流程图

(5)具有突涌水灾害风险的隧道应根据风险评估,采取以下措施:

①建立水灾信息收集和联动警报系统。由掌子面摄像监控仪、各探测点传感器、声光报警装置、洞外指挥中心数据采集设备(中央处理计算机)等联网组成,该系统采用双电源,由洞外永备电源供电。

②设置遇险人员自救器材。隧道两侧应安装钢筋爬梯并挂逃生绳和足够数量的救生圈,靠近掌子面的地段还应挂充足的氧气袋。隧道内作业人员密集地段应在拱部设置逃生平台并设急救箱。自救器材应以未衬砌地段为重点进行布置,已衬砌地段可适当减少。

③隧道各作业面人员的逃生路线应事先做好规划,并逐级进行交底和组织演练。

④洞口应配置橡皮艇,其数量应综合考虑隧道长度、洞内作业人员数量以及可能涌水量等因素确定。

⑤救援队员应具备游泳、窒息急救等技能,救援队应定期组织演练,以巩固和提高队员搜救技能。

(6)发生突涌水灾害后,洞内作业人员应按以下程序自救和互救:

①立即发出险情讯号,并按逃生路线有序撤离。

②遇险人员应尽力利用预设的钢筋爬梯、逃生台架和救生圈脱险，利用逃生绳逐步转移到安全地带。

③发出求救信号，尽可能与救援人员取得联系，报告有关情况。

(7)当隧道为反坡施工时，应按下列要求加强抽排水系统，防止突水没顶：

①洞内设置大功率抽水站，其与掌子面的距离应保证水流不能没顶，并预留 2 m 的安全高度，如图 12-6 所示(图 12-6 中，抽水站至掌子面的距离为 L，隧道高度为 H，纵坡为 i，则 $L \leqslant (H-2)/i$)。

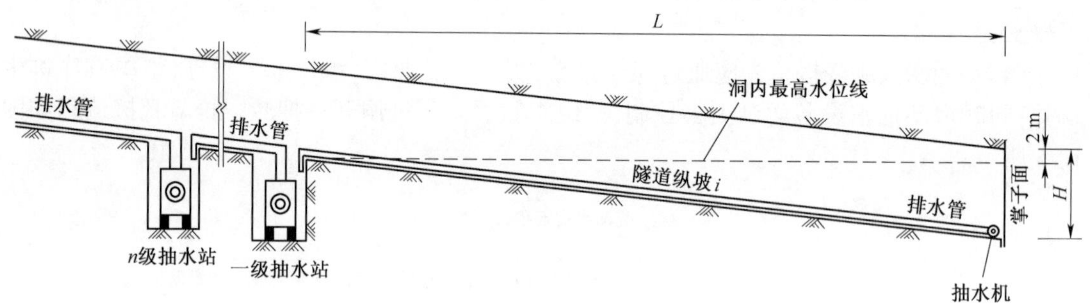

图 12-6　洞内抽水站设置示意图

②抽水站排水能力按设计最大突涌水量的 1.2 倍配置，水泵及管路应有富余备用，电源供电采用双回路。

③洞口应配置大功率备用排水设备。备用抽水机应配机架和减振装置等，形成移动式抽水站，并定期检查维护，保证能随时投入使用。

(8)发生突涌水后，应立即组织洞内抽排水，并根据水量情况，投入备用的移动式抽水站或大功率抽水机加强抽排水。

(9)根据突涌水情况，可按以下方法组织对洞内遇险人员的救援：

①突涌水量很快减小，可运用工程机械如装载机等进入洞内施救。

②水量较大时，可待水情基本稳定后，组织救援人员乘橡皮艇进入洞内施救。

③当发生小规模突泥或突水伴随大量砂石、淤泥沉积时，应采用搭设脚手架、铺垫木板或竹胶板等方法迅速开辟救援通道，进入洞内搜救。

④救援人员应佩戴呼吸器等遇水作业专业器材。

(10)水灾救援设备物资可按表 12-4 配置。

表 12-4　水灾救援设备物资配置

用途	名称	单位	数量及配置要求
人员自救	钢筋爬梯	个	根据设计要求设置
	逃生绳(长度不小于 20 m)	根	距掌子面 500 m 以内，每侧安装数根
	救生圈	个	距掌子面 500 m 以内，每个爬梯至少安装 4 个
	氧气袋	个	设置于靠近掌子面的爬梯上
洞内排水	抽水站及排水管	套	按设计最大突涌水量的 1.2 倍能力配置，间距满足要求
	备用移动式抽水站及排水管	套	按洞内排水能力配置

续上表

用途	名称	单位	数量及配置要求
施救器材	橡皮艇	个	根据隧道长度、洞内作业人员数量以及可能突泥突水量等因素确定
	木板或竹胶板	m^2	200
	碗扣式脚手架	t	20
信息采集报警器材	掌子面摄像监控仪	套	每个掌子面安装1套
	探测传感器	个	根据可能的突泥突水情况确定
	中央处理计算机(数据采集器)	台	2
	人工和水位感应声、光报警装置	套	配置于洞内各作业面,联动报警并连接洞外指挥中心

注:设备物资配置应结合隧道实际救援方案进行调整。

三、隧道塌方应急处理

(一)征兆识别

隧道塌方往往都是在事先毫无征兆情况下发生的,一般能看到的预兆就是隧道壁面的挤压变形,所能听到的预兆为异常声响。当出现下述征兆时要迅速撤离,并启动报警,通知工友逃离现场和相关部门进行处理。

1. 掌子面岩层塌方征兆

(1)拱顶连续不断掉落小石块,甚至较大石块相继掉落。

(2)掌子面出水点频繁变换位置。

(3)掌子面突然涌水,涌水由清变浑、流量增大。

(4)掌子面正面塌方并向内发展。

(5)岩层裂隙明显增大或层间填充物被水冲掉,水量增大。

(6)松散地层内隧道不停掉渣。

(7)岩石出现岩粉(岩浆)或掌子面附近无故尘土飞扬。

(8)流砂地段间隔涌流变成连续涌流,喷射混凝土被流砂冲破。

(9)掌子面不稳定岩块出露,特别处于分层断层带上,容易出现小塌方,掉落石块。

2. 支护结构塌方征兆

(1)喷射混凝土大面积开裂、脱落甚至塌落,缝间有砂土不断流出。

(2)锚杆垫板松脱。

(3)钢支撑扭曲变形,边墙支撑中间鼓出,连接点明显变形。

(4)钢支撑、钢筋网格间喷射混凝土剥离、开裂,钢筋扭曲变形。初期支护发出较大响声。

(5)连接板错位、连接螺栓被剪断,支撑间砂土或岩块被挤出。

3. 洞口地段和浅埋地段地表塌方征兆

(1)洞口地段地面持续开裂,且裂口数量逐渐增加,裂口增大、加深。

(2)地面陡岩发生崩塌现象。

(3)地面明显下沉,掌子面过后,其上地面仍继续下沉,累计值超过容许值。

4. 监控量测到的变形值显示塌方征兆

(1)变形值长期不变小且变形速率仍较大。

(2)变形监控量测曲线明显已收敛,但又出现变形值突然增大的现象,位移或变形速率的骤然增加往往是围岩破坏、衬砌开裂的前兆。

(3)围岩变形量、位移速率、初期支护应力值超过容许值(容许值根据地质情况、隧洞埋深、断面尺寸、地下水等情况确定)。

(二)事故逃生与自救

(1)当发生塌方后,待塌方体稳定,如果救生管道和逃生主通道顺畅,则可以通过救生管道和逃生主通道逃离。如果两者都不顺畅,则要寻找周围是否有未塌方的横洞、斜井等,如果有横洞、平行导坑和斜井,也可以从横洞、平行导坑和斜井逃离。若附近只有竖井,且竖井很稳定,则可以在竖井下躲避。如果附近有避难、急救场所,可以待在这些地方,要想法将信息传递到外界,并用衣物、毛巾蘸满水后捂住口鼻,同时闭上眼睛,等待救援。

(2)遇险人员待救:被埋困人员应尽量保持镇定,切莫慌乱,更不可挖掘坍塌的土石方,以避免二次塌方;要集中到一起,撤离到安全区域;尽快与洞外人员取得联系;要检查供风管道是否堵塞,应将杂物清理干净。

(3)遇险人员组织自救和互救:工长、队长或者在幸存的工人中选出经验丰富的人员担任临时领导,组织大家自救和互救;检查自己和别人受伤情况,在土石方中挖出伤员时首先要确定头部,快速、轻巧暴露头部,清除土石,暴露胸腹部,保持呼吸道通畅;小心使用工具,以防对遇险人员的二次伤害;避免破坏塌方体的堆积状态;受塌方体伤害的人员,可能造成内伤(脊柱伤害或骨折),因此不可急速摇动或移动伤员,救护时应多人平拖住伤员身体,将其缓慢放置于平坦的地面上;发现伤员呼吸障碍,应在清理完口中和鼻腔中的污物后对其进行人工呼吸;发现受土石方塌陷伤害的人员出血,首先应用毛巾、衣服紧紧扎住伤口距离心脏较近的位置,减少出血,禁止使用止血带,但应注意每隔 1 h 要放开几分钟,避免肢端缺血坏死;从塌方体下救出的人员,即使表面上看为轻伤,也应当作重伤救治,千万不可麻痹大意。

(4)遇险人员寻找食物:应查看搜集可以维持生命的水和食物,如有地下水,可使用安全帽获取,但尽可能用纱布或衣服过滤;若发现蚂蚁、植物等,应搜集起来,以备在体力消耗过大后少量食用,要对其进行有计划地利用;应注意是否有能输送食物或水的管道被打进来,如有食物和水通过管道输送进来应节省食用,切忌暴饮暴食,充分考虑救援暂时中断的情况。

(5)遇险人员应保持镇静,不要乱动,以便将身体的消耗降到最低,等待救援。乱喊、乱叫、乱动,只会增加氧的消耗,甚至导致吸入大量烟尘,造成窒息,增加不必要的伤亡。保持体力的方法:尽量静卧,保持体力和信心,闭目养神,相互安慰,等待救援;不要刻意地让自己不睡觉,多想些好的事情以增强信心。

(6)遇险人员禁止耗氧操作:尽量不要点燃物体照明或者取暖,以避免有限的氧气被耗损掉。

(7)遇险人员回应救援:在听到周围有声音时,可间隔敲击出声,向外界提供信号,以增强救援人员的信心,并根据洞内实际情况加快救援速度。

(三)坍塌事故应急救援

(1)当隧道发生坍塌堵隔灾害事故时,洞外人员不能盲目清方,必须逐级汇报,按确定的救援程序,有序地科学组织救援。

(2)坍塌事故发生后,应通过询问目击者和清点当班洞内作业人员查清被困人员信息,查看隧道周边构筑物环境是否安全,若不安全,立即疏散区内人群,设立警戒等。

(3)坍塌事故发生后,应通过设点观测支护变形情况、查阅坍塌前监控量测资料及设计资料等综合分析判断坍塌是否稳定,救援环境是否安全。在保证安全的前提下对坍体和救援作业空间进行应急加固。

(4)抢险救援时应首先钻取通风孔,所钻通风孔应超过坍体 2~3 m,利用钻杆的水孔直接向洞内压送高压风,为被困人员补充氧气。

(5)抢险救援时应利用预设的逃生管道迅速与被困人员取得联系。当预设的逃生管道失效或隧道内未预设逃生管道时,应立即钻设联系和输送食物管道,钻进工艺采用跟管钻进,跟进套管必须采用专用地质套管。

(6)抢险救援应综合坍塌起点、坍塌方向、支护成环情况、支护参数、地质情况等因素分析估算坍塌规模,并钻孔验证。

(7)抢险救援应根据坍塌的基本信息、坍塌规模、隧道未贯通段长度、地形地貌、坍体的物理力学性质等综合分析,研究制定救援方案。

(8)抢险救援时应建立洞内救援区域及坍塌影响范围的地表和环境监测监控。

(9)救援应按照确定的方案由救援队实施,并根据反馈的信息不断完善方案和救援措施。

(10)瓦斯隧道坍方还应采取以下措施:

①必须加强局部通风,降低瓦斯浓度。

②对救援区域进行不间断地瓦斯检测,保证瓦斯浓度在限值以下。

③救援作业面应安装局部风机,并采用防爆型开关。

④钻孔作业必须采用湿式钻孔。

⑤洞内作业时,注意防止工具、石块坠落,防止机械设备碰撞等,避免撞击出现火花。

(11)救援方法:

①小导坑救援法

小导坑分为三角形导坑和梯形导坑,示意图如图 12-7、图 12-8 所示。

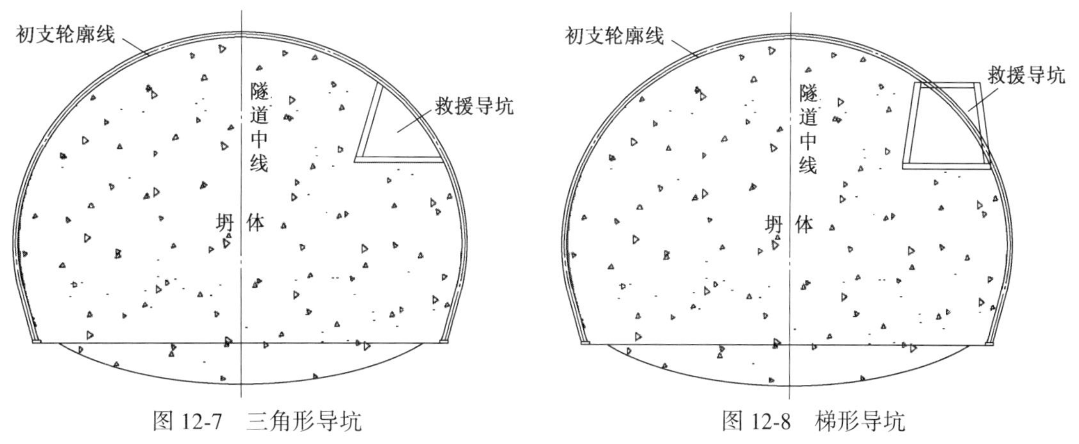

图 12-7　三角形导坑　　图 12-8　梯形导坑

②顶管救援法

当隧道坍塌坍体为软塑~硬塑状或松散土体,小导坑法不能适用时,可采取顶管的方式进行救援,如图 12-9 所示。

③竖井救援法

当隧道埋深较小时,可从地面隧道轮廓线外 3 m 挖竖井救援,如图 12-10 所示。

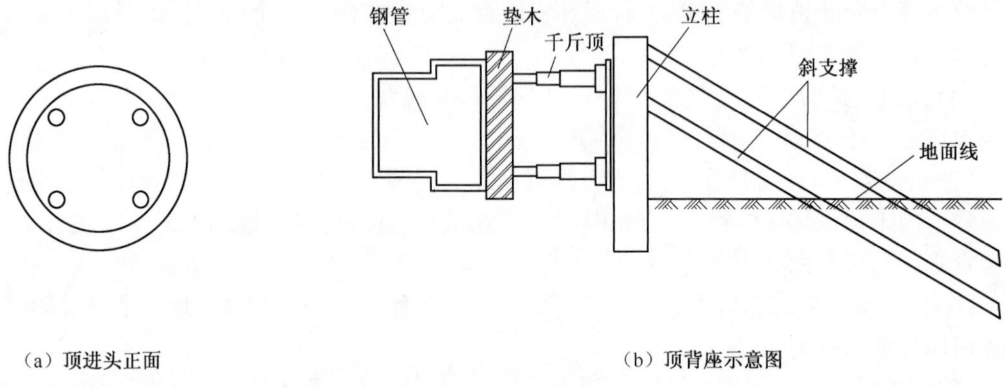

图 12-9 顶管救援法

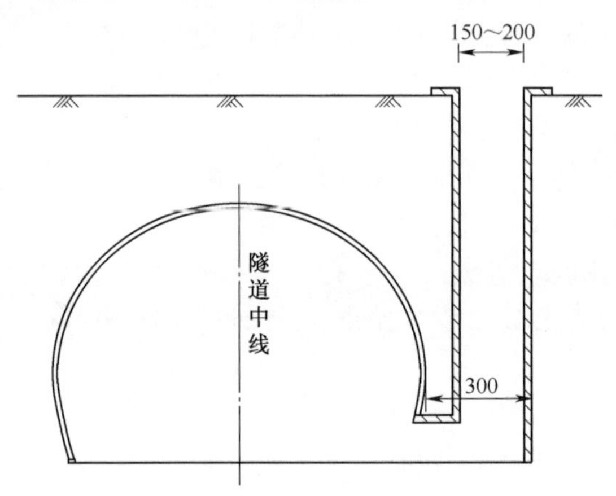

图 12-10 救援竖井示意图(单位:cm)

④明挖救援法

当坍塌出现在洞口且埋深不大时,可直接采用明挖法开挖救援通道。首先对坍塌后的仰坡、边坡进行清理加固,同时沿隧道轴线方向在坍塌段落开挖一条明槽,明槽的尺寸保证机械设备能有效操作,明槽开挖到隧道拱顶位置后,采用人工从坍塌面向洞内开挖救援通道。

四、隧道内火灾应急处理

(一)处理措施

隧道火灾是指在施工期间因防水板等材料物资、电气及设备等燃烧引起的火灾。隧道火灾抢险救援关键应做好防止遇险人员窒息,逃生通道规划及维护等工作。

1. 救援原则

隧道火灾救援应遵循如下原则:

(1)紧急报警并启动洞内消防器材尝试灭火,控制烟雾的蔓延。

(2)洞内作业人员应立即采取自救措施,并组织有序疏散。

(3)项目现场救援队结合地方消防队实施救援。

2. 救援流程

隧道火灾的施救流程如图 12-11 所示。

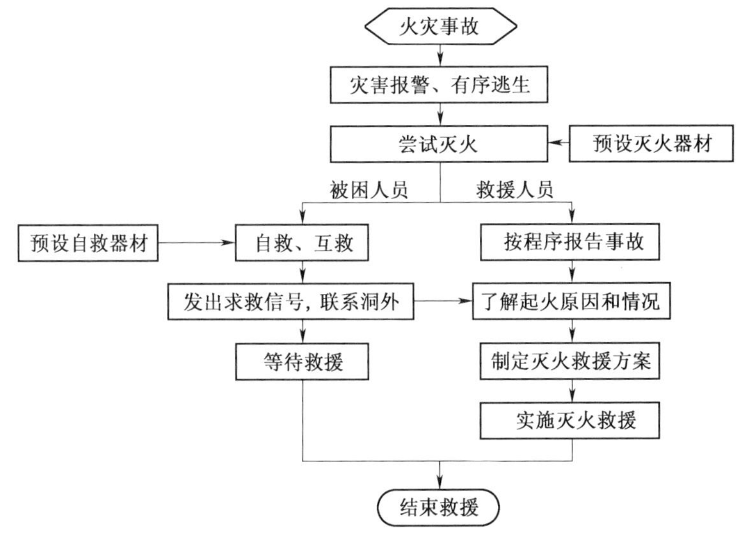

图 12-11　隧道火灾施救流程图

3. 救援措施

当隧道内发生火灾时应采取下列措施:

(1)及时迅速启动报警系统。

(2)起火初期,当火势不大、未对人与环境造成较大威胁时,应运用平时培训演练的技能,就近采用灭火器、水管等消防器材,尽可能地在第一时间将火扑灭。根据不同的起火原因,采取相应的灭火施救措施:

①防水板等塑胶材料起火,采取直流水冲击的方法灭火。灭火水枪阵地应设在上风和侧风方向。进入烟区的扑救人员应穿戴防毒面具和防护服。

②电气设备起火,应先切断电源,再采用灭火器和直流水枪灭火。有油的电气设备如变压器起火时,可用干燥的砂土盖住火焰,使火熄灭。

③机械设备燃烧,采用灭火器灭火。

④乙炔管路燃烧,采用干燥的砂土盖住火焰,使火熄灭。

⑤灭火期间,应注意观察洞内风流,防止火风压引起风流逆转,危及灭火人员安全。

(3)当火势失去控制时,应判明方向,迅速判断危险地点和安全地点,组织作业人员按逃生路线向洞外或附近避难所撤离,切忌慌乱和争抢道路。

(4)及时上报相关单位。

(5)对遇险、受伤人员组织急救;救助人员要服从指挥,统一行动。坚持"救人第一,救人与灭火同步进行"的原则。应急救援人员必须戴好防毒面具、穿好防护服,在保证自身安全的前提下进行救助。

(6)受伤人员救出后转至安全地带,及时进行抢救。为有效减缓伤害程度,应及时采取以下应急救助措施:

①烫伤后,要迅速除去热源,离开现场,在第一时间用清水冲洗伤口 10 min 以上。如烫伤

较轻无伤口,可用獾油、烫伤药膏或牙膏涂在患处。

②对烧伤者,在隔断热源后,应尽量使其呼吸畅通,然后小心除去伤者创面及周围的衣物、皮带、手表、项链、戒指、鞋等。对粘在创面的衣物等,应先用冷水降温后,再慢慢地除去。

③当遇到严重烫伤或烧伤人员时,应用敷料(如清洁的布料等)遮盖伤处,立即送往医院救治。

④即使是轻度烫伤或烧伤,在自行处理后,也应该去医院就诊。

⑤如烫伤或烧伤严重,不可使用烫伤药膏或其他油剂,不可刺穿水疱。

(7)险情发生至现场恢复期间,应封锁现场,防止无关人员进入现场发生意外。

(8)事故调查及处理。

(二)消防器材与防火

(1)施工期间,为防备隧道火灾,洞内开挖、支护等作业面应按单班人员数量配备自救呼吸器、湿毛巾等。

(2)洞内消防器材应参照以下规定设置:

①洞内防水板和衬砌等作业面和洞内变电站、配电柜等处均配置2台以上的手提式和推车式干粉灭火器。

②洞内供水干管每50 m预留一处消防水龙头,并配备消防水管和水枪,如图12-12所示。

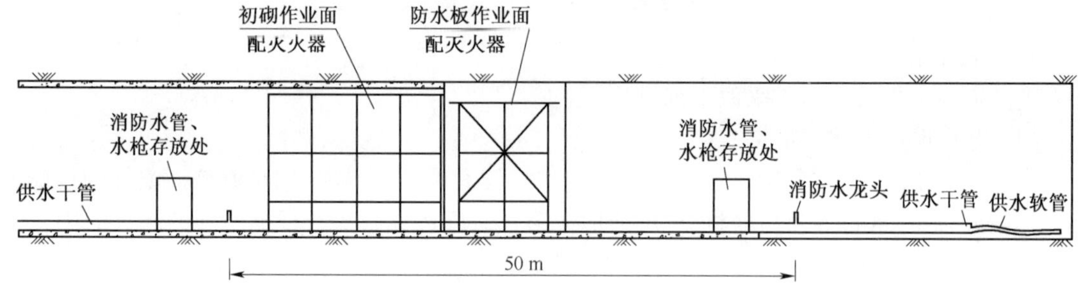

图12-12 洞内消防器材设置示意图

(3)隧道施工应做好预防火灾工作:

①应事先规划并设置作业面人员的逃生路线。

②逐级进行交底和组织演练。

③组建项目部消防队20~30人,消防队应定期组织演练。

(4)隧道火灾救援设备物资可按表12-5配置。

表12-5 隧道火灾救援设备物资配置

用途	名称	单位	数量及配置要求
人员自救	自救呼吸器	个	按开挖、支护作业最大单班人员数量配置
灭火施救	手提式干粉灭火器	台	开挖支护、衬砌作业面最少各2台
	推车式干粉灭火器	台	开挖支护、衬砌作业面最少各2台
	消防水龙头	个	每50 m安装1个
	防毒面具	个	10个
	消防水管、水枪	套	防水板作业面配2套,其余地段配2套

注:物资设备配置应结合隧道实际救援方案进行调整。

五、自然灾害应急处理

在可能发生自然灾害的地区施工时，应有计划地采取下列相应的措施：

(1)随时收集气象和地质资料。

(2)可能发生自然灾害时，应立即停止施工，对施工现场进行警戒检查并采取防护措施。

(3)在警报解除后，应确认无危险源方可进行作业。

(4)为防止大雨造成的灾害，隧道施工应注意下列事项：

①当洞口地质地形可能因降雨引发泥石流时，应采取加固措施。

②机械设备应尽早向安全场所转移或进行拆除，防止水淹、倾倒。

③可能发生漫水、沉陷或垮塌的地方，应进行加固处理，并设警示标志。

(5)在遇强风、暴风时，对各种大型机械应采取防止倾倒及滑跑措施，对临时设备、脚手架等应采取保护措施。

(6)在跨冬季作业时，为了防止雪灾，施工时应注意下列事项：

①施工设施不应设在可能发生雪崩的地点。

②必须对相关道路和施工用地进行除雪，保护车辆及人员安全，防止临时设施倒塌。

③对道路、水路等，必须设置警示标志。

(7)为防止雷击造成的灾害，应设置雷电报警器和避雷针。当有雷击危险时，隧道洞内外应立即停止爆破作业，作业人员应退避到安全场所。

(8)为防止地震和海啸造成的灾害，应关注预报信息，加强避灾演练。地震发生时，应迅速组织作业人员退避到安全场所。

第五节　伤员急救

发生伤害事故的常见原因主要有：触电、物体打击、高处坠落、机械碾压、土石方坍塌掩埋等。伤员的危急症状主要有：创伤性大出血、骨折(手足大骨骨折、脊椎骨折)、颅脑损伤、休克、窒息、昏迷等，严重者心跳呼吸停止。

一、创伤出血应急处理

创伤出血按出血的部位不同一般分为外出血和内出血两种；如果按其出血性质又可分为四种：动脉出血、静脉出血、毛细血管出血和内脏破裂出血。伤口不深的皮肤擦伤、挫伤一般为毛细血管或小血管出血；切割伤、皮肤肌肉撕脱的创伤性外出血为动脉出血、静脉出血或动、静脉混合性出血。物体打击、高处坠落、车辆或机械碾压所致的因骨折断端刺穿附近血管或机械碾压造成肝、脾、肾破裂等所引起出血为内出血。

(一)内出血的症状

(1)急性大出血可致伤者迅速进入失血性休克状态，患者表情冷漠，反应迟钝，手足皮肤冰冷，血压低，脉搏细弱。

(2)内出血的伤员，其受损器官部位有胀满、触痛和压痛(如骨折断端刺穿血管的出血和肾破裂出血)的症状；肝、脾破裂的内出血还可见腹部胀满等。

(二)应急处理

(1)伤口不深的外出血症状,先用双氧水将伤口的污物进行清洗,再用酒精消毒(无双氧水、酒精等消毒液时,可用瓶装水冲洗伤口污物),伤口清洗干净后用敷料包扎止血。出血较严重者,用多层敷料加压包扎止血。

(2)一般的小动脉出血,用多层敷料加压包扎即可止血。较大的动脉创伤出血,还应在出血位置的上方动脉搏动处用手指压迫或用止血胶管在伤口近心端进行绑扎,加强止血效果。(上肢:肱动脉,腋下动脉;下肢:足背动脉,股动脉;颌面部:颌下动脉,耳前动脉,头颈部:锁骨下动脉,颈动脉)

(3)大的动脉及深创伤大出血,在现场做好应急止血加压包扎后,立即送医院处理,以免贻误救治时机。

(4)对出血较严重的伤员,在止血的同时,还应密切注视伤员的神志、皮肤温度、脉搏、呼吸等体征情况,以判断伤员是否进入休克状态。

(5)对在高处坠落,腰、腹部遭受重物打击或被车辆撞击的伤者,无明显大量外出血但迅速进入休克状态的伤员(症状:神情淡漠,面色苍白,皮肤冰冷,脉搏细弱且快,血压下降),应高度怀疑为内脏破裂出血,要立即送院检查。

(三)严重的胸、腹外伤

当发生利器(例如钢筋等)刺入胸、腹部或肠管外脱事故时,不能随便处理,以免因出血过多或脏器严重感染而危及伤者的生命。应急处理要点:

(1)已经刺入胸、腹部的利器,千万不要自己取出(如果拔出刺入胸、腹部的利器,会造成伤者大出血,危及生命),应就近找东西固定利器,并立即将伤者送往医院。

(2)因腹部外伤造成肠管脱出体外,千万不要将脱出的肠管送回腹腔(自行将外脱的肠管送回腹腔,极易造成严重的感染),应在脱出的肠管上覆盖消毒纱布或消毒布类,再用干净的碗或盆扣在伤口上,用绷带或布带固定,迅速送医院抢救。

(3)及时拨打报警求助电话。

二、挤压伤应急处理

挤压伤多见于坍塌事故的掩埋压迫。四肢躯干肌肉丰富的部位受外部重物重力长时间压榨,造成筋膜间隔内肌肉组织缺血、变性、坏死,现肢体肿胀,组织间隙出血、水肿、筋膜内压升高,长时间的压榨容易发生急性肾功能衰竭,称为挤压综合征。

挤压伤的主要表现为受压部位多有压痕、皮肤擦伤。肢体呈渐进性肿胀,皮肤张力显著增加,皮肤紧张、发亮、触诊较硬。受压部位或其远端可出现片状红斑、皮下淤血和水瘤。肢体远端皮肤发白,皮温降低。伤肢远端血管搏动早期可触及,随筋膜腔的压力增高,逐渐减弱或消失。肢体运动障碍,受压筋膜腔内肌肉收缩无力,被动牵拉肌肉时引起患肢剧烈疼痛。肢体关节活动受限,皮肤感觉迟钝。

挤压伤现场急救处理:

(1)尽快解除重物压迫,减少挤压综合症的发生。

(2)伤肢制动,可用夹板等简单托持伤肢。

(3)伤肢降温(避免冻伤),尽量避免局部热缺血。

(4)伤肢不应抬高,按摩或热敷。

(5)如果挤压部位有开放性创伤及活动出血者,应止血,但避免加压,除有大血管断裂外不用止血带。

(6)迅速转往医院。

三、烧伤与眼灼伤应急处理

(一)烧伤

衣服着火时,应尽快脱去着火的或沸液浸渍的衣服;或迅速卧倒,慢慢就地滚动,压灭火焰;或用手边不容易燃烧的材料(如大衣、砂土等)迅速覆盖着火处,使之与空气隔绝;也可用水将火浇灭。坚决制止伤者奔跑呼叫或用双手扑打火焰,以免助长燃烧并引起头面部、呼吸道和双手烧伤。电击伤应尽快中止电流继续作用,并将伤员移至安全地带。

对于伤者的处理:面积不大的肢体烧伤可用冷水或冰水浸泡 0.5~1.0 h,此方法可减轻损伤程度和缓解疼痛,效果良好。酸碱及其他化学物品致伤后,应迅速脱去被浸渍的衣服,用大量清水冲洗,越快越好。沥青烫伤后,应用冷水浸泡或浇洒,使沥青尽快冷却,避免热力继续作用,然后用软布浸松节油轻轻将体表的沥青擦去,减少毒素吸收,避免沥青中毒,切勿强行撕扯体表的沥青。

烧伤创面处理:用灭菌敷料或干净被单、衣服、毛巾等手边材料,将创面简单包扎加以保护,以减轻污染和再损伤,并减少疼痛。对复合的其他创伤如骨折等给予包扎、固定。经过简单处理,伤员可转送医院,途中注意防寒、防尘、减少颠簸。

(二)眼灼伤

各种化学物品的溶液或粉尘意外进入眼内,或不慎接触到强烈的化学气体,都有可能引起眼灼伤。应急处理要点:

(1)眼睛被化学物品灼伤后,应尽快用大量清水(如自来水、蒸馏水)冲洗。冲洗时,不要溅及未受伤的眼睛。

(2)不要用手揉眼睛,可以把整个面部泡在水里,连续做睁眼和闭眼的动作。冲洗后,用清洁敷料覆盖保护伤眼,迅速前往医院。

(3)眼睛受到伤害,要立即就地取清水冲洗,分秒必争。自己冲洗后,仍需及时到医院治疗。

四、创伤性窒息应急处理

创伤性窒息又称胸部挤压伤,常见于工程塌方、车辆碾轧等。伤者常伴有其他胸部损伤,如多发肋骨骨折、气胸、血胸或心脏挫伤。

在事故现场,如果伤员出现呼吸、心跳骤停,应立即行心肺复苏、人工胸外心脏按压和辅助呼吸抢救;根据具体情况,边抢救边运转或待生命体征相对平稳后,迅速转往医院。

五、休克伤员应急处理

休克是机体对外界强刺激的一种反应。最初是一种保护性反应,但如果刺激过于强烈、机体反应过度或反应持续时间过长,则会危及心、肾、脑等重要器官的血液供应和体液平衡,导致呼吸、循环衰竭甚至死亡。

休克伤员症状表现:血压降低,脉搏细弱,伤员反应迟钝,表情冷漠,手足及身上的皮肤冰冷或汗湿。

处于休克状态的伤员要使其安静、保暖,在平卧的体位将下肢抬高约20°。遇呼吸、心跳停止者,应立即进行人工复苏术(人工呼吸及胸外心脏挤压的总称)。对创伤性休克伤员,应尽快送往医院进行抢救治疗。

在安全事故的伤员中,人工复苏术可通用于触电、溺水、气体中毒、掩埋窒息等引起心跳、呼吸停止的伤员。但对有脊椎骨折、颅脑损伤引起的心跳、呼吸停止的伤员,为了抢救生命,则要谨慎使用。

人工复苏术进行程序如下:

(一)判断有无昏迷、有无呼吸

(1)向伤员喊(问)话,视其有无反应。

(2)轻摇伤员肩部,观察其反应。

(3)听呼吸气流声音,看胸、腹部有无起伏来判断有无呼吸。

(二)判断有无心跳

触摸颈动脉——在颈中线旁开2 cm位置,触摸1~2 min,感觉有无动脉血管的搏动。

(三)畅通气道

当伤员无呼吸时,将其置于平卧位,将假牙取出,清洁口腔,用仰头举颌法(稍垫高肩部,头低位,将下颌往上推)以畅通气道。

(四)人工呼吸

口对口或口对鼻吹气进行人工呼吸,吹气频率为:12~14次/min。

注意:如吹不进气,表示气道不通,可能有异物阻塞气道。如果是痰液、呕吐物,可用手指将其抠出;如果为其他异物,则先用挤腹法、拍背法、胸部按压法等,然后将伤员侧身,用手指探索,将异物挤向一边,慢慢抠出。切忌将异物捅进去。

(五)人工胸外心脏按压

(1)按压位置:在胸骨切迹(即心窝上方)二横指处。

(2)手法:用左手掌根部放在按压位置上,右手掌放在左手掌背面上,双手手臂绷直,肩部和手与按压位置垂直,按压时利用上身的重量缓缓下压3~5 cm,然后抬高肩部和上身以放松按压力度,放松时手掌不要离开按压位置。

(3)按压频率:60~80次/min。

(4)单人抢救时,吹气与按压的频率为2∶15;双人抢救时,吹气与按压的频率为1∶5。

(5)心跳、呼吸停止的伤员,现场抢救有效时,伤员的面色出现红润和有自主呼吸。当抢救未见效果时,千万不要松懈放弃,应一直坚持至医生到现场接手为止。

六、颅脑损伤应急处理

颅脑损伤主要见于物体打击、高处坠落(坠落时头颈部先着地或坠落过程中头部碰撞硬物)所致的脑震荡、颅内出血。颅骨损伤导致颅内高压的症状有:昏迷、呕吐(呈喷射状呕吐)、脉搏或呼吸紊乱、瞳孔放大或缩小、大小便失禁等。

颅底骨折或颞骨骨折的伤员不一定有昏迷、呕吐症状,但可能有的症状是:脉搏或呼吸紊乱,瞳孔放大或缩小,鼻、眼、口腔甚至耳朵有无色的液体流出,伴颅内出血者可见血性液体流出。

颅脑损伤的伤员有昏迷者,首先必须维持呼吸道通畅。昏迷伤员应侧卧位或仰卧偏头,以防舌根下坠或分泌物、呕吐物吸入气管,发生气道阻塞。对烦躁不安者,可因地制宜地予以手足约束，以防止伤及开放伤口。有骨折者，应初步固定后再搬运。脊柱有骨折者应用硬板担架运送，勿使脊柱扭曲，以防途中颠簸使脊柱骨折或脱位加重，造成或加重脊髓损伤。有颅骨凹陷性骨折，创伤处用消毒的纱布或清洁布等覆盖，用绷带或布条包扎后，立即送往就近有条件的医院治疗。

注意：对于头部受到物体打击、高处坠落时头部先着地或坠落过程中头部碰撞硬物，检查中未发现头部出血或无颅骨骨折的伤员，如果当时发生过短暂性昏迷但很快又恢复意识，清醒后当时自觉无精神、神经方面症状的伤员，切勿掉以轻心而放松警觉，该类伤员必须送医院做检查并应留院观察，因为这可能是严重脑震荡或硬脑壳撕裂出血的前兆。

七、脊椎受伤应急处理

脊椎受伤主要见于物体打击、高处坠落、车辆碾压和机械伤害。脊椎受伤可导致脊椎骨折、脊髓受压或脊髓损伤。脊椎骨折时其体位有异常改变，脊椎骨折压迫脊髓时，其受压部位以下可出现皮肤敏感或过激反应，受压平面以下感觉、运动功能障碍或瘫痪。应急处理要点：

(1)对清醒伤员应询问其自我感觉情况及疼痛部位。

(2)观察伤员的体位情况：所有骨折伤员都有受伤体位异常的表现，这是典型的骨折症状。对昏迷者，要注意观察其体位有无改变；对清醒者，要详细查问伤者的感觉情况，切勿随意搬动伤员。在检查时，切忌让伤员坐起来或使其身体扭曲，亦不应让伤员做身体各个方向的活动，以免骨折移位及脱位加剧，引起或加重骨髓及脊神经损伤，甚至造成截瘫。

(3)刺激受伤部位以下的皮肤(例如腰椎受伤，刺激其胸部和上下腹部及腿脚皮肤作比较鉴别)，观察伤员的反应以确定有无脊髓受压、受损害。

(4)在拨打“120”的同时，将伤员创伤处用消毒的纱布或清洁布等覆盖，用绷带或布条包扎后，用夹板或硬纸皮垫在伤员的身下，搬运时要均匀用力，抬起夹板或硬纸皮将伤者平卧位放在硬板上，以免受伤的脊椎移位、断裂造成截瘫或导致死亡。

(5)对有脊椎骨折移位导致出现脊髓受压症状的伤员，如伤员不在危险区域，暂无生命危险的，最好待“120”急救人员到来再移动搬运。

(6)抢救脊椎受伤的伤员，不要随便翻动或移动伤员。随意搬动、翻动伤员可能会产生如下两种后果：①骨折端移位对脊髓造成进一步的压迫伤害而导致瘫痪；②骨折断端刺穿附近大血管，造成出血性休克。搬运伤员过程中，严禁只抬伤员的两肩或两腿，绝对不准单人搬运，必须先将伤员连同硬板一起固定后再行搬动。用车辆运送伤员时，最好能把安放伤员的硬板悬空放置，以减缓车辆的颠簸，避免对伤员造成进一步的伤害。

八、四肢骨折应急处理

骨折主要见于物体打击或压迫、高处坠落、机械碾压和车辆碾压。骨折症状主要有：骨折患肢的活动受限或不能活动；骨折部位畸形并出现异常隆起。

对有手足大骨骨折的伤员，不要盲目搬动，应先在骨折部位用木板条或竹板片(竹棍甚至钢筋条)于骨折位置的上、下关节处作临时固定，使断端不再移位或刺伤肌肉、神经或血管。无适用材料的情况下，可采用将骨折上肢固定在身侧、骨折下肢与健侧下肢缚在一起的方法进行固定，再搬运转送医院处理。

如有骨折断端外露在皮肤外的，切勿强行将骨折断端按压进皮肤下面，只能用干净的布料覆盖好伤口,固定好骨折上下关节部位,再转送医院处理。

骨折会影响到伤处附近的软组织,导致肿胀、出血;断骨还会伤及周围的血管、神经、内脏及肌肉。

(一)应急处理要点

(1)用双手稳定及承托受伤部位,限制骨折处的活动,并放置软垫,用绷带、夹板或替代品(如木板、木棍、树枝等)妥善固定伤肢。如上肢受伤,则将伤肢固定于躯干;如下肢受伤,则将伤肢固定于另一健肢。

(2)应垫高伤肢,减轻肿胀。

(3)如伤肢已扭曲,可用牵引法将伤肢轻沿骨骼轴心拉直;若牵引时引起伤者剧痛或皮肤变白,应立即停止。

(4)完成包扎后,如伤者出现伤肢麻痹或脉搏消失等情况,应立即松解绷带。

(5)如伤口中已有脏物,不要用水冲洗,不要使用药物,也不要试图将裸露在伤口外的断骨复位,应在伤口上覆盖灭菌纱布,然后适度包扎固定。

(6)如伤口中已嵌入异物,不要拔除,可在异物两旁加上敷料,直接压迫止血,并将受伤部位抬高,在异物周围用绷带包扎。千万注意不要将异物压入伤口造成更大伤害。

(7)拨打急救电话。

(二)注意事项

(1)千万注意救助动作,不要加重伤者损伤。

(2)注意灭菌消毒,不要使伤口感染或导致破伤风。

(3)发生骨折的原因很多,救治的方法也有所不同,所以应将伤者及时送往医院由专业人员救治。

九、触电现场应急处理

(一)脱离电源的方法

(1)将出事点附近电源开关或闸刀开关拉下或将电源插头拔掉。

(2)用干燥的木棒、竹竿等物将电源线从触电者身上挑离或者将触电者推离电源。

(3)必要时可用绝缘工具(如带有绝缘柄的电工钳、木柄斧头以及铁铲等)切断电源。

(4)救护人员可戴上手套或在手上包缠干燥的衣服、围巾、帽子等绝缘物品,单手拖拽触电者,使之脱离电源。

(5)如果触电者由于痉挛使得手指紧握导线缠绕在身上,救护人员可先用干燥的木板塞进触电者身下使其与地绝缘来隔断入地电流,然后再采取其他办法切断电源。

(6)如果触电者触及断落在地上的带电高压导线,且尚未确证线路无电,救护人员未做好安全措施前,不可进入断线落地点 8~10 m 的范围内,以防跨步电压触电。进入该范围的救护人员,应穿上绝缘靴或临时双脚并拢跳跃地接近触电者。待触电者脱离带电导线后,应迅速将其带至 10 m 以外的地方,立即开始触电急救。只有在确证线路无电的情况下,方可在触电者离开触电导线后就地急救。

(二)使触电者脱离电源时应注意的事项

(1)未采取断电或绝缘措施前,救护人员不得直接触及(推、拉和触摸)触电者的皮肤和潮湿的衣服。

(2)救护人员不得采用金属器械或其他绝性能差的物体(如潮湿的木棒、湿布带等)作为救护工具。

(3)在拉触电者脱离电源的过程中,救护人员宜用单手操作,这样对救护人员比较安全。

(4)当触电者处于高位时,应采取措施预防触电者在脱离电源后坠地摔伤或死亡。

(5)夜间发生触电事故时,应考虑切断电源后的临时照明问题,以利救护。

(三)触电现场急救

(1)触电者未失去知觉,应让触电者在干燥、通风、暖和的地方平卧休息,并严密观察其神志、脉搏和心跳。

(2)触电者已失去知觉但尚有心跳和呼吸,应使其舒适地平卧着,解松衣服以利呼吸,四周不要围人,保持空气流通,冷天应注意保暖,立即送往医院救治。若发现触电者呼吸困难,应立即施行人工呼吸。

(3)对出现呼吸、心跳停止的伤员,应立即就地进行人工心肺复苏术抢救。在等待“120”救援或送往医院的过程中,不要停止和放弃对伤者的抢救。

(4)触电急救的要点是动作迅速,救护得法,切不可惊慌失措,束手无策。要贯彻“迅速、就地、正确、坚持”的触电急救八字方针。“迅速、就地”是指对心跳、呼吸停止的伤员在其脱离电源后立即在现场实施救护。“正确、坚持”是指要使用正确的急救措施和手法步骤进行心肺复苏术抢救,当抢救未见成效(仍无自主呼吸和心跳)时也不应放弃,要坚持到医护人员到场接手为止。

十、溺水现场急救处理

(1)溺水者救捞上岸后,应立即对溺水者进行详细地观察,将其口、鼻里的泥砂异物清理干净,并检查其是否受过物体打击、硬物碰撞,根据症状采取相应的救护措施。

(2)发现溺水者有创伤性出血,应先迅速包扎止血,再进行其他方面的救治。

(3)当溺水者只是简单的呛水时,应将溺水者置于头低脚高位、俯卧位,垫顶着溺水者的腹部进行控水。在控水过程中,应注意观察溺水者的呼吸及脉搏情况。

(4)发现溺水者呼吸、心跳停止时,应先立即清理干净其口、鼻里的泥砂异物,再进行人工呼吸和胸外心脏挤压。处于休克状态的伤员,要让其保持头低脚高的卧位,并注意保暖、安静,将下肢抬高20°左右,并尽快送往邻近医院进行抢救治疗。

(5)如果发现溺水者受过物体打击,首先要观察溺水者的受伤情况、部位、性质,再对症处理。出现昏迷时,必须维持呼吸道通畅。昏迷者应平卧,将其面部转向一侧,以防舌跟下坠或分泌物、呕吐物吸入而发生气道阻塞,并及时转往就近医院抢救治疗。

十一、中毒应急处理

(1)现场人员发现有中毒人员应立即通知应急小组成员。

(2)现场人员应先用湿毛巾等捂住口鼻抢救中毒人员,并将其移到通风良好、空气新鲜的地方,注意保暖。

(3)拨打“120”急救电话,详细说明中毒的症状及事故地点,并应派人到路口接应。

(4)确保中毒者呼吸道通畅,对神志不清者应将头部偏向一侧,以防呕吐物吸入呼吸道引起窒息。

(5)查找中毒原因,排除隐患,防止事故扩大或再次发生。

第十三章　隧道施工风险控制范例

第一节　工程概况及风险控制总体策略

一、线路概况

某高速公路隧道全长左洞 2 493 m，右洞 2 494 m，划分为两个合同段施工，J1 合同段止点与 J2 合同段起点在 K171+750 处分界，J1 合同段隧道施工长度为：左洞（K170+460～K171+750）长度 1 290 m，右洞（K170+450～K171+750）长度 1 296 m。隧道设计为基本平行的双洞，左线进口段平面位于 $R=1\ 700$ m、$L_s=170$ m 的圆曲线上，右线进口段平面位于 $R=1\ 760$ m、$L_s=150$ m 的圆曲线上。隧道纵坡坡比为 2.3%。隧道内设有车行横洞一条，人行横洞三条，隧道内空断面净宽 11.0 m，拱高同向超高处 7.0 m，反向超高处 7.2 m，横断面设计为三心圆曲边墙衬彻结构。左、右线隧道均采用削竹式洞门接路堑式明洞，无仰坡进洞；洞身结构按新奥法原理设计，即以系统锚杆、喷混凝土、钢筋网、型钢或格栅钢架组成衬期支护与二次模筑混凝土相结合的复合衬砌型式。

二、主要工程量

（一）洞口工程

土方开挖 16 070 m^3，C20 混凝土端墙 192 m^3，大理石镶面 63 m^2，瓷砖镶面 256 m^2；边仰坡防护Ⅰ级钢 2 988 kg，$\phi27$ 自进式锚杆 4 596 m，C20 喷混凝土 133.3 m^3，三维网植草绿化 3 392 m^2；洞口排水：M7.5 浆砌片石，洞顶排水沟 75 m^3，M7.5 浆砌片石，洞外截水沟 120 m^3，$\phi300$ PVC 水管 24 m，碎石盲沟 26 m^3；洞顶回填土 380 m^3，洞口段基础处理 $\phi42$ 小导管 3 685 m，水泥砂浆 613 m^3，C20 混凝土止浆板 102 m^3，片石盲沟 573 m^3，土方开挖 573 m^3。

（二）明洞工程

明洞衬砌 C25 混凝土拱墙 559 m^3，C25 混凝土仰拱 245 m^3，Ⅰ级钢筋 9 780 kg，Ⅱ级钢筋 20 695 kg，回填 M5 浆砌片石 716 m^3，石方 904 m^3，黏土 244 m^3，C15 片石混凝土仰拱回填 379 m^3。

（三）洞身工程

洞身开挖土石方 216 756 m^3，超前支护 $\phi108$ 大管棚 4 823 m，$\phi42$ 小导管 11 717 m，初期支护 C20 喷射混凝土 8 082 m^3，$\phi25$ 中空注浆锚杆 131 147 m，$\phi27$ 自进式锚杆 15 056 m，垫板 48 663 套，Ⅱ类围岩浅超型格栅钢架 44 榀，Ⅱ类围岩格栅钢架 38 榀，Ⅱ类围岩浅管 $18^{\#}$工字钢架 92 榀，Ⅱ类围岩 $18^{\#}$工字钢架 99 榀，Ⅲ型格栅钢架 181 榀，$\phi6.5$ 钢筋网 93 973 kg，二次衬砌拱墙 C25 混凝土 24 428 m^3，仰拱 C25 混凝土 4 275 m^3，Ⅰ级钢筋 51 665 kg，Ⅱ级钢筋 111 955 kg，C15 片石混凝土仰拱回填 8 603 m^3。

（四）紧急停车带工程

开挖石方 11 048 m^3，超前支护 ϕ42 注浆小导管 4 628 m，初期支护 C20 喷混凝土 464 m^3，ϕ25 中空注浆锚杆 11 126 m，垫板 3 200 套，Ⅲ型栅格钢架 100 榀，ϕ6.5 钢筋网 6 170 kg，二次衬砌拱墙 C25 混凝土 1 374 m^3，C25 混凝土仰拱 474 m^3，Ⅰ级钢筋 28 418 kg，Ⅱ级钢筋 69 828 kg，C15 片石混凝土仰拱回填 1 312 m^3，超挖石方 456 m^3，C25 超挖回填混凝土 486 m^3。

（五）行车横洞工程

开挖石方 1 593 m^3，初期支护 C20 喷射混凝土 75 m^3，ϕ25 注浆锚杆 1 631 m，垫板 578 套。ϕ6.5 钢筋网 1 056 kg，二次衬砌 C25 混凝土 352 m^3，Ⅰ级钢筋 167 kg，Ⅱ级钢筋 535 kg，C15 混凝土仰拱回填 52 m^3，超挖石方 126 m^3，C25 超挖回填混凝土 123 m^3，行车横洞 500 cm×500 cm 卷帘门 1 门。

（六）行人横洞工程

开挖石方 978 m^3，初期支护 C20 喷射混凝土 76 m^3，ϕ25 注浆锚杆 525 m，垫板 250 套。ϕ6.5 钢筋网 295 kg，二次衬砌 C25 混凝土 204 m^3，Ⅰ级钢筋 590 kg，Ⅱ级钢筋 1 379 kg，C15 混凝土 35 m^3，行人横洞 250 cm×250 cm 卷帘门 3 门。

（七）防排水工程

C25 现浇混凝土 1 528 m^3，C25 预制混凝土 3 637 m^3，Ⅰ级钢筋 71 624 kg，Ⅱ级钢筋 131 890 kg，止水带 214 m，止水条 13 361 m，LDPE 防水层 64 149 m^2，无纺布（300 g/m^2）70 615 m^2，ϕ50 HDPE 管盲沟 3 097 m，橡塑排水板盲沟 6 158 m，ϕ50 HDPE 横向泄水管 2 951 m，70×45 铸铁蓖 86 块，开挖石方 1 046 m^3，C25 混凝土 272 m^3，其他钢材 27 455 kg，83-4 井盖（QC-20）26 个。回填碎石 569 m^3，ϕ100 HDPE 泄水管 5 430 m，ϕ200 PVC 管 84 m，ϕ50 PVC 管 1.76 m。

（八）洞内路面工程

水泥混凝土面层厚 26 cm，21 720 m^2，C15 混凝土整平层厚 15 cm，11 886 m^2；水泥混凝土面层厚 18 cm，147 m^2；C15 混凝土整平层厚 10 cm，239 m^2，Ⅰ级钢筋 9 602 kg，Ⅱ级钢筋 6 167 kg。

（九）内装工程

防火涂料 51 344 m^2。

三、地形地貌特征

本隧道位于长江北岸，与长江基本平行。施工区地形起伏较大，海拔高程多在 200～1 300 m 之间，高山铁峰山主峰海拔 1 319 m，低地为云阳老县城，海拔约 100 m。沿线高程一般为 200～700 m，属于低丘陵区。由于地形变化大，路线经过的地貌单元可分为三种成因类型：

（1）侵蚀堆积河谷地形：主要分布于彭溪河和汤溪河等，形成漫滩和阶地，现多被三峡库区蓄水所淹没。

（2）构造侵蚀低山丘陵地形：分布于巴阳至万州周家坝段，主要由侏罗系和三叠系砂、泥岩互层及灰岩地层组成，其岩层产状倾向南，倾角 39°～42°，岩层走向与路基走向基本平行。

（3）构造侵蚀中、低山地形：分布于云阳庙中至巴阳段，山脉走向和形态基本与构造和岩层产状一致，呈东西向展开，多呈单面山地形，山高坡陡，斜坡坡度一般为 35°～60°，地形切割强烈,沟谷发育,多呈"V"字形。地层为侏罗系沙溪庙组砂岩、泥岩互层。路线多以桥梁和隧道通过。

四、气象水文

测区属亚热带季风气候区,气候温和,雨量充沛,四季分明,具有春早、夏热、秋雨绵、冬暖而多雾、无霜期长、雨量充沛等特点。气象要素变化与流域地理位置及地形地势特点相适应,多年平均气温 16.6 ℃~18.7 ℃,1 月份平均气温 7.1 ℃,7 月份平均气温 29.6 ℃。相对湿度 73%~87%,霜冻期日数一般为 10~20 天/年,雾日数多为 25~30 天/年。历年最大风速为 17 m/s,多年平均风速 2.1 m/s,最大常风向为东北风。

多年平均降雨量 1 149.3 mm,最大年降雨量 1 614.8 mm,年内分布不均,降雨量多集中于 5~9 月,占全年降雨量的 70%,冬季(12 月~次年 2 月)降雨量最少。

测区属长江流域,以长江为骨干,主要支流有小江(彭溪河)、汤溪河等。小江发源于开县白泉乡,汤溪河发源于巫溪县九岭乡和云阳县龙坝镇,径流均主要由降雨补给,降雨量受大巴山暴雨气候影响,洪水期为 5~10 月。

五、工程地质条件

隧址区地貌上属低山重丘地貌,最低处标高约 280 m,最高处标高约 590 m,相对高差约 310 m。

隧址区地层岩性有:(1)第四系全新统坡洪积、崩坡积、残坡积低液限黏土夹碎(块)石;(2)侏罗系中统沙溪庙组紫红色、灰白色粉砂质泥岩、泥质粉砂岩及砂岩不等厚互层。

场区内无断裂构造通过,单斜构造,地层倾向 195°~210°,倾角 20°~25°,产状 202°。新构造运动总体以间歇性缓慢上升隆起为特征,流水切蚀形成山川河谷,现属相对稳定期。区内节理间隙主要以层间裂隙为主,卸荷裂隙、风化裂隙次之。

根据《中国地震动参数区划图》(GB 18306—2015),该区地震基本烈度值为Ⅵ度,地震动峰加速度为 0.05g,地震动反映谱特征周期为 0.354 s。

隧址区地表水主要以大气降水、稻田灌溉水及池塘水为主。地下水类型分为第四系松散堆积层孔隙水及基岩风化裂隙水两种。第四系松散堆积层孔隙水受大气降水、农田灌溉水等补给,顺层径流排泄,其透水性及赋水性差;基岩风化裂隙水赋存于砂质岩裂隙及泥质岩类风化裂隙中,主要受大气降水、上层滞水等补给,顺层径流排泄。隧址区地下水贫乏,隧道开挖过程中,地下水呈潮湿状、滴水状产生。其水质类型属 HCO_3-Ca^{2+}型,对混凝土无侵蚀性。

场区内为单斜构造,无褶曲断裂,大部分地段坡体稳定,在隧道进洞口附近(线路里程 K170+650 左侧)陡崖处见崩塌现象。进口段崩坡积体厚度 10~30 m。

隧道围岩主要为侏罗系中统溪庙组砂岩、泥岩,根据岩层的工程地质特征、结构特征、完整状态、岩体的纵波波速、完整性系数 K_v,岩石体积裂隙率 J_v 等指标,结合隧道区地质构造、地下水活动、埋藏深度、风化作用等对围岩的影响,按照《公路工程地质勘察规范》(JTG C20—2011)附录 G 及《公路隧道设计规范》(JTG D70—2004)附录一隧道围岩分类标准,将隧道区围岩划分为Ⅱ、Ⅲ、Ⅳ三类。

洞口强风化浅埋泥质岩段及第四系崩坡积低液限黏土夹块石类围岩,岩体呈松散结构,围岩稳定性差,划分为Ⅱ类;洞身泥质岩夹薄层砂岩段,岩体呈镶嵌结构,围岩稳定性差,划分为Ⅲ类;洞身砂岩段,岩体呈块状结构,围岩稳定性较好,划分为Ⅳ类。

六、总体施工方案及部署

开挖按Ⅱ、Ⅲ、Ⅳ类围岩分别考虑。Ⅱ、Ⅲ类围岩地段开挖按先拱后墙法，Ⅳ类围岩按全断面一次成型法。洞口施工方案结合路堑的开挖、防护一并考虑，采用先拱后墙锁口进洞。

对于Ⅱ、Ⅲ类围岩地面的施工难度大，必须采取适当辅助施工措施与衬砌支护相结合。洞口地段围岩埋深较浅，并受岩体节理、破碎带的影响，围岩自稳定性能差。为了安全、顺利进洞，分别在左洞K170+481和右洞K170+475段长59 m和61 m处，采取管棚与初期支护相结合的施工方法完成。

七、施工风险控制总体策略

从地形地貌、气象水文、工程地质条件来看，本隧道施工风险控制总体策略为：

(1)洞口地段围岩埋深较浅，并受岩体节理、破碎带的影响，围岩自稳定性能差；加之该地区雨水充沛，地表自然坡度大，须严防隧道洞口段地表排水设施设置不当、失效等不安全状态，以免引发洞口坍塌事故，汛期严防洪水冲刷造成隧道洞口坍塌。

(2)洞身开挖过程中，严防随意改变施工方案，以免造成坍塌冒顶事故。

第二节　施工准备阶段风险控制

一、施工技术准备

(一)工作内容

(1)熟悉、审查图纸和有关设计资料，了解设计意图，认真研究总平面布置、各个分项工程及工程结构形式和特点，熟悉地质、水文等勘察资料，掌握工程作业难易程度及工期要求。

(2)调查研究、收集有关资料，包括社会调查、自然条件调查、技术经济条件调查。

(3)交接控制测量的基本资料，并做复测和核对及定出隧道洞口的中线和标高基桩。

(4)根据补充调查和收集的资料，改进隧道施工方法。

(5)编制隧道施工组织设计和制定施工方案及进行施工有关设计。

(6)编制隧道施工预算。

(二)风险控制策略

本工序的安全风险级别较高，其风险控制策略为：严防对地质、水文等勘察资料不熟悉，对工程结构物周边的环境调查及危险源辨识不到位等不安全行为，以免造成各类事故。

二、施工现场准备

(一)工作内容

公路隧道洞口场地比较狭窄，而隧道施工工作面也很狭窄，但隧道施工机械设备、支撑材料和衬砌材料很多，因此在施工前应根据隧道工程规模大小、洞口地形特点、弃渣场位置和水源情况及工期要求，结合劳动力安排、机械设备、材料用量、施工方法等因素，本着全面规划、统筹安排、合理布置、充分利用地形、因地制宜的原则编制施工场地平面布置图。

(二)风险控制策略

本工序的安全风险级别一般，其风险控制策略为：

(1)防止施工现场布置不当而引发交通事故、机械伤害、车辆伤害。

(2)严防弃渣场选址不当而引发洪水、泥石流灾害。

三、工程测量及复核

(一)工作内容

1. 施工前的复测

施工前,施工人员要按控制测量的精度,做好控制点、基准点、水准点的交接和复核工作,并按规定通过三角网或精密导线网对各点进行校核,以确保隧道施工精度。

为了方便施工,可按精度要求重新布设控制点,要设在视野开阔、通视良好的地方,主要是为了减少大气旁折光产生的仪器误差对导线角的影响,同时设置要牢靠,按《公路勘测规范》(JTG C10—2007)的要求认真进行。

2. 洞内施工量测

控制量测的精度应以中误差衡量,最大误差(极限误差)规定为中误差的2倍。洞外水准点、中线点应根据隧道平纵面、隧道长度等定期进行复核,洞内控制点应根据施工进度设定。

进洞开挖时,在洞口要设置一个为将来向洞内施工提供导向的导线点,即称之为洞口校点。它的设置要纳入控制网内,由洞口校点传递进洞方向的连接角。测角中误差不应超过测量等级的要求,后视方向的长度不应小于300 m。导线点应尽量沿路线中线布设,导线边长在直线地段不应短于200 m,在曲线地段不应短于70 m。无闭合条件的单导线,应进行两组独立观测,相互校核。用中线法进行洞内测量时,中线点间距直线部分不宜短于100 m,距曲线部分不宜短于50 m。

开挖前,应在开挖断面标出设计断面尺寸线,开挖工作完成之后应及时量测并给出断面图,为下一次开挖和以后的衬砌做好准备。

供衬砌用的临时中线点必须用经纬仪测定,其间距可视放样需要适当加密,但不宜大于10 m。衬砌立模前应复核中线和高程,标出拱架顶、边墙底和起拱线高程,用设计衬砌断面的支距控制架立拱模和墙模。立模后必须进行检测和校正,确保无误。高程的控制要领先洞内水准线,水准线应由洞口高程控制点向洞内布设,结合洞内施工情况,测点间距以200~500 m为宜。为施工方便,在导坑内拱部、边墙施工地段宜每100 m设立一个临时水准点,并定期复核。

3. 贯通误差的测量及调整

采用中线法测量时,由测量的相向两个方向分别向贯通面延伸,并取一临时点,量出两点的横向和纵向距离,得出该隧道的实际贯通误差。水准路线由两端向洞内进行测量,分别测至贯通面附近的同一水准点或中线点上,所测得的高程差值即为实际的高程贯通误差。

4. 竣工量测

这是隧道完工后要完成的一项测量工作,是对隧道完成情况的一次检查,也是竣工资料的重要部分,为隧道以后的养护提供必要的测量基准点。

一般在隧道竣工后,应在直线地段每50 m、曲线地段每20 m需要加测的断面处,测绘以路线中线为准的隧道实际净空,标出拱顶高程、起拱线宽度、路面水平宽度。

隧道永久中线点应在竣工量测后用混凝土包埋金属标志。直线上的永久中线点,每200~250 m设一个;曲线上应在缓和曲线的起、终点各设一个。永久中线点设立后,应在隧道边墙上画出标志。同时洞内水准点每公里应埋设一个,并应在隧道边墙上画出标志。

(二)风险控制策略

本工序的安全风险级别一般,其风险控制策略为:

(1)防止高处测量时不系好安全带、安全绳而发生高处坠落伤害。

(2)洞内掌子面附近测量时,严防忽略塌方征兆而导致人身伤害。

(3)严防忽略来往车辆而导致车辆伤害。

四、人员配备及施工机械配置

(一)工作内容

人员配备见表 13-1,机械配置见表 13-2。

表 13-1　施工技术力量配备表

<table>
<tr><th>序号</th><th colspan="2">施工人员类别</th><th>人数</th><th>进场时间</th><th>备注</th></tr>
<tr><td>1</td><td rowspan="7">管理干部</td><td>施工正、副队长</td><td>2</td><td rowspan="31">开工前后分批调入</td><td rowspan="31"></td></tr>
<tr><td>2</td><td>施工技术员</td><td>2</td></tr>
<tr><td>3</td><td>技术负责人</td><td>2</td></tr>
<tr><td>4</td><td>测量技术员</td><td>2</td></tr>
<tr><td>5</td><td>质安员</td><td>2</td></tr>
<tr><td>6</td><td>材料员</td><td>2</td></tr>
<tr><td>7</td><td>预算员</td><td>1</td></tr>
<tr><td>8</td><td rowspan="10">掘进作业人员</td><td>风钻工</td><td>18</td></tr>
<tr><td>9</td><td>炮工</td><td>3</td></tr>
<tr><td>10</td><td>装载机、挖掘机司机</td><td>3</td></tr>
<tr><td>11</td><td>架子工</td><td>6</td></tr>
<tr><td>12</td><td>电工</td><td>3</td></tr>
<tr><td>13</td><td>出渣工</td><td>18</td></tr>
<tr><td>14</td><td>洗钻工</td><td>2</td></tr>
<tr><td>15</td><td>喷射混凝土工</td><td>16</td></tr>
<tr><td>16</td><td>汽车司机</td><td>6</td></tr>
<tr><td>17</td><td>电焊工</td><td>3</td></tr>
<tr><td>18</td><td rowspan="6">土建作业人员</td><td>木工</td><td>6</td></tr>
<tr><td>19</td><td>钢筋工</td><td>3</td></tr>
<tr><td>20</td><td>架子工</td><td>6</td></tr>
<tr><td>21</td><td>混凝土工</td><td>10</td></tr>
<tr><td>22</td><td>输送泵司机</td><td>3</td></tr>
<tr><td>23</td><td>机操工</td><td>3</td></tr>
<tr><td>24</td><td rowspan="7">安装作业人员</td><td>锻工</td><td>2</td></tr>
<tr><td>25</td><td>钳、板筋工</td><td>2</td></tr>
<tr><td>26</td><td>电焊工</td><td>2</td></tr>
<tr><td>27</td><td>试验工</td><td>3</td></tr>
<tr><td>28</td><td>管道工</td><td>2</td></tr>
<tr><td>29</td><td>空压工</td><td>3</td></tr>
<tr><td>30</td><td>修理工</td><td>2</td></tr>
<tr><td colspan="3">合　计</td><td>138</td></tr>
</table>

注:上述人员是按一个隧道作业班组配置(分两个隧道作业队)。

表 13-2 主要施工机械配备表

类别	机械名称	型号	数量	进场时间
掘进开挖机械	发电机组	125 kW	1 台	2004 年 10 月
	空气压缩机	22 m^3/min	5 台	2004 年 11 月
	油动空气压缩机	12 m^3	1 台	2004 年 10 月
	双液注浆机		2 台	2004 年 12 月
	风动凿岩机	YT28	40 台	2004 年 12 月
	300 型地质钻机		2 台	2004 年 12 月
	装载机、挖掘机		3 台	2004 年 10 月
	自卸汽车	东风	16 台	2004 年 11 月
锚喷机械	搅拌机	ZL-350 型	2 台	2004 年 11 月
	喷射机	PZ-5B	2 台	2004 年 10 月
	锚杆灌浆机		2 台	2004 年 11 月
	电焊机		4 台	2004 年 10 月
钢筋加工机械	钢筋调直机		1 台	2004 年 11 月
	钢筋切割机		1 台	2004 年 11 月
	钢筋弯曲机		1 台	2004 年 11 月
	对焊机	CS-40	1 台	2004 年 11 月
木工机械	手动电锯	2.8 kW	1 台	2004 年 10 月
	手动电钻	0.43 kW	1 台	2004 年 10 月
	圆盘踞	4 kW	2 台	2004 年 10 月
	多功能木工机械		2 台	2004 年 10 月
混凝土机械	混凝土拌和机	750 L	2 台	2004 年 12 月
	自行式钢模台车	12 m	2 台	2004 年 12 月
	混凝土输送泵	HBT60	2 台	2004 年 12 月
	混凝土振动器	Q50、q30	10 台	2004 年 11 月
测量仪器	全站仪	宾得 R-322 m	1 台	2004 年 10 月
	经纬仪	J_2	1 台	2004 年 10 月
	水平仪		1 台	2004 年 10 月
	位移检测仪		1 台	2004 年 12 月
	锚杆拉拔仪		1 台	2004 年 12 月
	地质超前预报仪	TSP202	1 台	2004 年 12 月
合计			112 台	

(二)风险控制策略

本工序的安全风险级别较高,其风险控制策略为:

(1)从人员配备来看:有炮工、风钻工、架子工、电工、电焊工等特种作业人员或高风险作业人员,因此须严防无证上岗的不安全行为,严防安全教育不到位的不安全行为,以免发生各类意外伤害事故。

(2)从施工机械配置来看:严防机械设备操作与使用的安全教育不到位;有发电机组、空气压缩机、钢筋调直机、钢筋切割机、钢筋弯曲机、对焊机等发电与用电机械设备,因此应杜绝违章用电(发电)等不安全行为,严防用电(发电)设备及电线路绝缘不良等不安全状态,以免发生触电事故甚至火灾;有装载机、挖掘机、自卸汽车等中大型机械设备与车辆,应杜绝施工现场无人指挥、机械设备带病作业等不安全状态,以免发生机械伤害、交通事故或车辆伤害;有油动空气压缩机、风动凿岩机、喷射机等带压设备,应杜绝违反操作规程的不安全行为,以免发生爆炸事故、压缩空气或喷射混凝土喷出伤人事故。

五、修建临时设施

(一)工作内容

(1)施工临时便道:隧道施工便道新建宽度 4 m,局部 6~7 m,为 20 cm 厚手摆片石、5 cm 厚泥结碎石路面,路面两侧保持排水通畅并设专人维护保养。

(2)临时用电:施工用电以地方供电为主,备用发电机为辅。即从邻近的变电所高压引入,分别安装 630 kVA 和 400 kVA 变压器各一台,同时配 120 kW 发电机过渡,同时作为备用电源。洞外低压供电线路采用三相五线制架空线,洞内采用电缆线供电。

(3)隧道施工用水:根据现场条件,洞口左、右水源较丰富,分左、右修建高位蓄水池供水。左端水池供生活及拌和楼用水,右端 500 m^3 高位水池供洞内开挖机械,空压机房用水则采用地下水。

(4)隧道高压供风:在洞口右侧建风站一座,分别安装 3 台 22 m^3/min,3 台 20 m^3/min 电动空压机。

(5)施工生产、生活用房:由于洞口两边地形较复杂,施工用房均在红线外租地搭设——办公室搭建在进场公路边缘,占地 1 500 m^2,用彩钢活动板房建成;生活用房大部分租借当地居民用房;实验室、库房建在临近洞口及材料运输入口处,方便原材料收、发、检测;搅拌站设在洞口左边,一部分利用红线内土地,另新租用 2 100 m^2作为砂、石、水泥、外加剂堆场;洞口右边设置木工、型钢加工车间及空压机房。

(二)风险控制策略

本工序的安全风险级别较高,其风险控制策略为:

(1)严防施工便道宽度不足、便道边缘碾压不实、施工便道缺乏维护的不安全状态,以免导致交通事故。

(2)修建施工便道时,严防人机混合作业时无人指挥的不安全状态,以免发生机械伤害。

(3)对于临时用电,严防洞外不架空电线、洞内采用裸体线等不安全状态,以免发生触电伤害。

(4)蓄水池基础应修建牢固,防止岩爆发生时喷水而引发地质灾害。

第三节　主要工序过程风险控制

一、洞口边仰坡处理

(一)工作内容

首先清除洞口上方三处危岩,测量工放好仰坡开挖线后,在仰坡外围 5 m 进行截水沟开挖、砌筑,用 M7.5 水泥砂浆砌 50 cm×50 cm 片石沟,沟壁平整,沟底平顺,排泄畅通、无阻隔水现象,并按实际情况径流排放到天然排水系统中。

洞口仰坡采用由上至下的开挖方式,洞口仰坡由于是土质边坡,采用挖掘机削坡并辅以人工从上至下进行修刷,达到设计坡比要求后立即进行喷锚支护。

(二)风险控制策略

本工序的安全风险级别较高,其风险控制策略为:

(1)清除危石时,杜绝上下重叠作业的不安全行为,以免造成物体打击伤害。

(2)严防截水沟系统设置不当、排水不良的不安全状态,以免引发地质灾害。

(3)修刷仰坡时,严防作业人员不系好安全带、安全绳的不安全行为,以免造成高处坠落伤害。

(4)挖掘机和工人配合作业时,严防无专人指挥的不安全行为,以免造成机械伤害。

二、路基及土石方开挖

(一)工作内容

采用挖掘机开挖,自卸汽车运土至指定弃土场。根据边坡高度按设计要求放坡并辅以人工进行修刷。路基开挖后立即进行两条纵向盲沟施工,并与隧道进口拱底的盲沟相接,中央排水管按设计顺接路基边沟,以排出隧道内及路基边坡浸水,沟底浇筑 30 cm 厚 C15 混凝土,以提高渗沟的支撑作用,盲沟纵坡不小于 0.5%,沟底埋设两根 10 cm 打孔波纹管。必须保证反滤层施工质量及渗入土工布质量。

(二)风险控制策略

本工序的安全风险级别一般,其风险控制策略为:

(1)严防盲沟施工不及时,以免造成路基质量缺陷,甚至引发滑坡。

(2)人工修刷时,严防作业人员不系好安全带、安全绳的不安全行为,以免造成高处坠落伤害。

(3)挖掘机往自卸车装土时,严防自卸车司机待在驾驶室的不安全行为,以免造成物体打击伤害(挖掘机斗内土石掉落到司机室)或机械伤害。

三、明洞施工

(一)工作内容

开挖时采用挖掘机按设计尺寸位置挖出明洞位置,避免对洞门仰坡及边坡的扰动,并立即进行边坡喷锚及支护。待洞门外大管棚施作后进行仰拱的施作。基础用 $\phi42$ 注浆小导管加固,长 5 m,间、排距 1.5 m,梅花形布设。

1. 砌筑

在进行衬砌施工时应注意:

(1)灌注混凝土时应复测中线和高程,衬砌不得侵入设计轮廓线。

(2)拱圈应按断面要求制作定型挡头板、外模板和骨架,并应采取防止走模、渗漏、跑浆的措施,而且在浇筑混凝土时应连续进行,不得中断。

(3)采取跳槽墙浇筑拱圈时,应加强对拱脚的基底处理,保持拱脚稳定。当拱脚基底过深时,应浇筑基础托梁,必要时加设锚杆使拱脚混凝土与岩壁连接牢固,防止拱脚基底松动沉落。

(4)浇筑拱圈混凝土强度到达设计强度的70%以上时，方可拆除内外支模拱架。

2. 明洞防水施工

(1)在拱圈混凝土强度达到设计强度的50%后，拱圈背部以砂浆抹平整，设置防水层。

(2)在拱背涂上一层热沥青后，立即从下向上敷设卷材防水层。敷设时应粘贴紧密，相互搭接错缝，搭接长度不小于100 mm，并向隧道内拱壁延伸不小于0.5 m，涂抹水泥砂浆厚20 mm，拱背上铺设黏土隔水层，按图纸要求选用黏性好、无杂质、无石块的黏土分层夯实，并与边坡、仰坡搭接良好，封闭严密。

(3)在拱背设 ϕ50 HDPE 打孔波纹管用于洞顶横向排水，每3 m设置一道，纵向排水管沿洞门墙背向下引出排至路基边沟。

3. 回填

在进行回填施工时应注意：

(1)墙背回填应两侧同时进行。墙底部应铺填0.5~1.0 m厚碎石并夯实，然后向上回填。

(2)石质地层中墙背与岩壁空隙不大时，可采用与墙身同级混凝土回填；空隙较大时，可采用片石混凝土或M5浆砌片石回填密实。

(3)土质地层应将墙背坡面开凿成台阶状，用干砌片石分层码砌，缝隙用碎石填塞紧实，不得任意抛填土石。

(4)拱背回填应对称分层夯实，每层厚度不得大于0.3 m，其两侧高差不大于0.5 m。回填至拱顶齐平后，应立即分层满铺填筑至要求高度。

(5)使用机械回填应待拱圈混凝土强度达到设计强度且由人工夯实填至拱顶以上1.0 m后方可进行，在回填土石方全部完成后方可撤除拱架。

(二)风险控制策略

本工序的安全风险级别较高，其风险控制策略为：

(1)严防挖掘机严重扰动洞口边、仰坡的不安全行为，以免发生洞口坍塌事故。

(2)混凝土振捣时，严防违章用电的不安全行为，以免发生触电伤害。

(3)拆除混凝土拱圈内外支模拱架时，严防混凝土强度不足(不低于设计强度的70%)的不安全状态，以免发生结构损坏或变形超过允许偏差值。

(4)涂热沥青时，严防违章作业的不安全行为，以免发生烫伤、中毒等伤害。

(5)回填时，严防任意抛填土石，以免造成质量缺陷或物体打击伤害。

(6)严防机械回填与人工夯实混合作业，以免发生机械伤害。

四、ϕ108 大管棚超前支护施工

(一)工作内容

在明洞开挖时，由于管棚左线长59 m，右线长61 m，可分别按两次搭设管棚约30 m长为一段，至挂洞门口段预留7 m长，土方开挖高度只至拱部120°范围内，便于搭设导向管和工作平台。先对挂口洞门处的边、仰坡用不短于4 m长的 ϕ27 自进式锚杆防护，间、排距1.5 m，梅花形布设，同时挂 ϕ6.5 钢筋网(网格30 cm×30 cm)，并喷C20混凝土，厚10 cm；另对隧道拱部120°开挖轮廓线加密布置 ϕ27 自进式锚杆，外插角10°~30°，长度大于4 m，间、排距40 cm，呈梅花形布置。洞口开挖进尺长1.2 m，洞内架立三榀18#工字钢拱架(间距0.6 m)。在洞口处工作平台上按管棚规定方位上，另外架立三榀钢拱架(间距1.4 m)，按管棚分布位置焊接固

定导向孔口管(ϕ127,长 4 m),洞内部分网喷混凝土厚 25 cm。

钻孔机械选用 300 型地质钻机,每个洞口分设两台从左至右按已安装好的导向管位置钻孔,钻头直径 ϕ90,每进尺一段(约 3 m),ϕ108 套管就跟进一段(套管前端焊接合金齿形钻头,同管壁厚)。套管选用 $\phi108\times6$ 的无缝热轧钢管,长度为 30 m 左右,分段安装,每段 3 m,两段之间用丝扣连接,其打设仰角按 2°考虑。钢管上需钻水泥注浆孔,孔径 12 mm,间距 15 cm,呈梅花形布置。导管尾部 3 m 不钻孔,作为止浆段。导管进入 30 m 左右后,先用钻具清孔、冲洗,然后下钢筋笼,插入注浆管,充填水泥浆。水泥浆水灰比控制在 0.5∶1.5~1.0∶1.5 之间,注浆初压力为 0.5~1.0 MPa,终压力为 2.0~2.5 MPa,注浆结束后用 M10 水泥砂浆填充,达到先支护后开挖的超前支护目的。

第一段管棚搭设好后,即进行拱部 120°范围内土石方开挖,应尽量减少对周围土层的扰动。对土层,根据开挖轮廓线采用人工开挖方法,局部遇有岩石时也采用风镐开挖,用 ϕ27 长 4.5 m 自进式锚杆对危岩进行锚固,环向间距 70 cm,纵向间距 60 cm,在开挖面初喷 40 mm 厚混凝土后,架设 18#工字钢拱架,间距 60 cm,架设完成后挂网续喷至设计厚度,拱架保护层厚度不小于 40 mm;钢筋挂网为双向 ϕ6.5@ 15 cm,钢架间设纵向连接钢筋,其环向间距为 1.0 m(内外侧交错布置),并采用焊接。

当上部开挖长度小于 20 m 时,按上述方法继续对第二段管棚进行施作,即对拱墙部位进行开挖、支护,方法同上。拱墙部位定位锚杆可利用系统锚杆。拱墙部位施作完成后即对仰拱及时施作:基础用 ϕ42 注浆小导管加固,长 5 m,间、排距 1.5 m,梅花形布设;初喷 C20 混凝土后架设 18#工字钢(间距 60 cm),浇筑 C25 钢筋混凝土,仰拱厚 60 cm,最后回填 C15 片石混凝土。隧道中部按设计安设 ϕ300 mm 中央排水管。

大管棚施作完后,立即进行二次衬砌的施作,以防围岩发生较大变形。

(二)风险控制策略

本工序的安全风险级别较高,其风险控制策略为:

(1)高处作业时,严防不系好安全带的不安全行为,以免造成高处坠落伤害。

(2)焊接作业时,严防违章用电而发生触电伤害。

(3)施工过程中,严防无专人观测围岩变形的不安全行为,以免在施工过程中因为施工扰动发生过大的变形甚至塌方,造成人员和机械被埋压事故。

(4)管棚作业换钻杆时,严防作业面内站人的不安全行为,以免钻杆、钢管掉落砸伤人。

(5)起吊管棚时,严防违章起重作业的不安全行为,以免造成起重伤害。

(6)钻孔作业时,严防作业人员站在孔口正面的不安全行为,以免因为水压太高将钻杆冲出而导致伤人事故。

五、超前支护 ϕ42 注浆小导管施工

(一)工作内容

注浆小导管采用分层开挖方法,工艺流程如图 13-1 所示。

布置 ϕ42 注浆小导管于Ⅱ类围岩拱部 120°范围内,选用 ϕ42 热轧无缝钢管加工制成,壁厚 4 mm,长 4.5 m,环向间距 30 cm,外插角 5°~10°,两组小导管间纵向搭接长度大于 1 m,在管段中间部位钻出 ϕ8 的出浆孔,孔间距 10 cm,呈梅花形布置。当地层为土层时,可利用摆锤将小导管(有锤头)直接打入;当地层为破碎岩层时,利用风枪钻孔,然后打入导管。小导管打

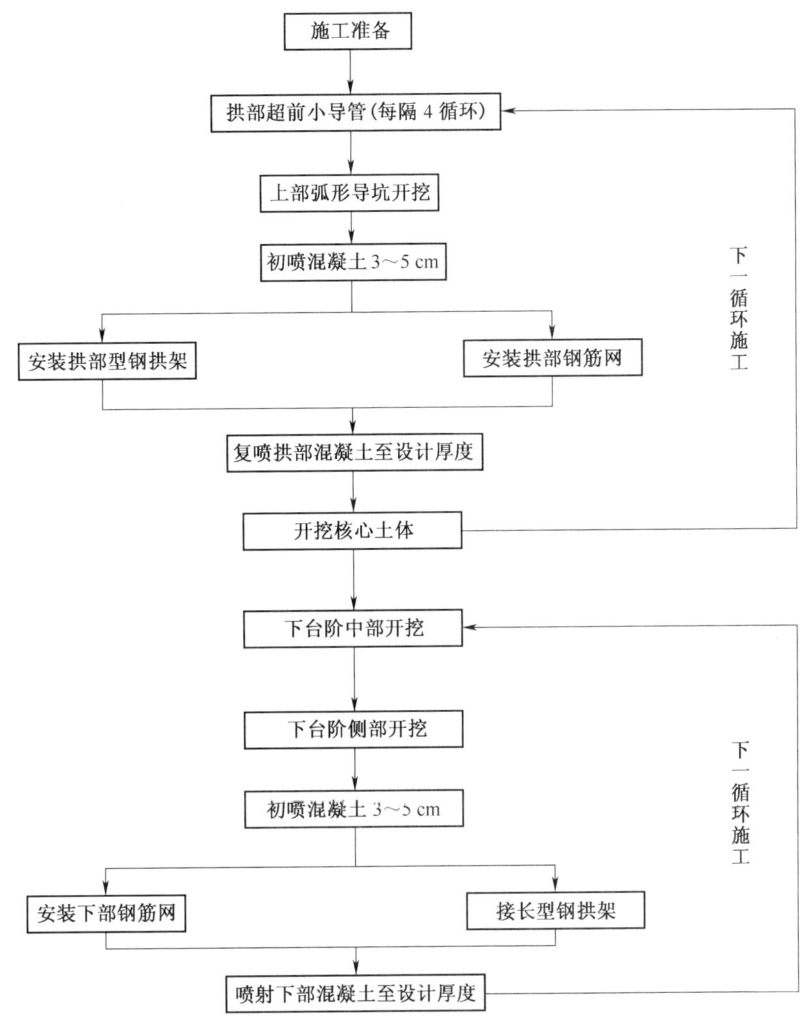

图 13-1　超前支护 ϕ42 注浆小导管施工流程图

入后即注浆,通常为纯水泥浆（W/C 为 0.5～1.0);地下水大时,为水泥水玻璃浆,其参数为:水泥浆/水玻璃=1∶0.8(体积比,水泥浆 W/C 为 1.0,水玻璃模数 m 为 2.6,浓度为 35 Be);如危岩整体性好,估计注浆奏效时可改注水泥砂浆(W/C 为 0.5～0.8),以充填导管孔;注浆压力 0.5～1.0 MPa。小导管前端应从钢架腹部穿过,导管就位后,后端应焊在钢架上。

开挖拱部 120°范围内围岩必须采用光面爆破方案,合理运用微振动爆破,以免引起围岩过大的扰动和破坏。用 ϕ25 中空注浆锚杆呈梅花形锚入围岩,横向间距 90 cm,纵向间距 80 cm,开挖面初喷 C20 混凝土约 40 mm 后,紧贴围岩挂钢筋网,钢筋挂网为双向 ϕ6.5@20 cm。隧道纵向每隔 80 cm 架立格栅拱架,拱架由 ϕ22 主筋、ϕ10 蹬筋及 ϕ6.5 箍筋焊接而成,端部焊接角钢,单元间以螺栓连接,架设完成后续喷 C20 混凝土至设计厚度,其主筋保护层厚不小于 40 mm,格栅拱架间设纵向连接钢筋,其环向间距为 1.0 m(内外侧交错布置,并采用焊接)。格栅钢架定位锚杆可利用系统锚杆。

当上部开挖长度小于 20 m 时即对拱墙部位进行开挖、支护,方法同拱部围岩开挖方式。

及时量测、检查,对异状或变形量较大处进行变更加固,可作临时仰拱,其构造可用 16#工字钢加工成横向梁,在栅格拱架的拱脚处焊上 L100 mm×100 mm×10 mm 的角钢,使底梁与其顶紧。若地压力大时,采取焊接后再喷射 20 cm 厚混凝土,待下部开挖施作正式仰拱后再拆除。

(二)风险控制策略

本工序的安全风险级别较高,其风险控制策略为:

(1)小导管施工前,严防施工机械带病作业,以免因机械故障导致机械伤人。

(2)施工过程中,严防无专人负责变形观测的不安全行为,以免隧道坍塌甚至造成作业人员被埋压事故。

(3)超前小导管作业顶进钢管时,杜绝作业面内站人的不安全行为,以免钢管掉落砸伤人。

(4)导管在作业平台上临时存放时,杜绝偏载、超载的不安全状态,以免作业平台倒塌甚至发生作业人员高处坠落伤害。

六、Ⅲ类围岩开挖与初期支护

(一)工作内容

1. 开挖

(1)台阶数不宜过多,台阶长度要适当,一般以一个台阶垂直开挖到底,保持平台长 2.5~3.0 m 为好,易于掌握炮眼深度和减少翻渣工作量,装渣机械紧跟提高装渣的速度,减少清渣距离以提高装渣运输效率。台阶长度应根据两个条件来确定:一是初期支护形成闭合断面的时间要求,围岩稳定性愈差,闭合时间要求愈短;二是上半部断面施工时开挖、支护、出渣等机械设备所需的空间大小的要求。

(2)个别破碎地段可配合喷锚支护和挂钢筋网施工。如遇到局部地段石质变坏,围岩稳定性较差时,应及时架设临时支护或考虑变换施工方法,留好拱脚平台,采用先拱后墙法施工,以防止落石和崩塌。

(3)应解决好上、下部半断面作业的相互干扰问题。微台阶基本是合为一个工作面进行同步掘进;短台阶上、下部作业相互干扰较大,要注意作业施工组织、质量监控和安全管理;长台阶基本上、下部作业面已拉开,干扰较小。

(4)上部开挖时,因临空面较大,易使爆破面渣块过大,不利于装渣,应适当密布中小炮眼。下部开挖时,应注意上部的稳定,必须控制下部开挖厚度和用药量,并采取防护措施,避免损伤拱圈及确保施工安全。若围岩稳定性较好,则可以采用分段顺序开挖;若围岩稳定性较差,则应缩短下部掘进循环进尺;若围岩稳定性更差,则可以左、右错开,或先拉中槽后挖边墙。

(5)采用钻爆法开挖石质隧道时,采用光面爆破,尽量减少对围岩的扰动。台阶划分要求做到爆破后出渣适当或较少,对钻眼作业与出渣运输干扰少,一般分成 1~2 个台阶进行开挖。

(6)布置下半断面炮眼时,考虑到两个临空面,爆破时石渣向上抛掷会打坏临时支护的混凝土喷层,故第一排炮眼的最小抵抗线以 1.1 m 左右为宜。

(7)单眼装药量 0.15~0.225 kg,类似于松动爆破药量。下面几排炮眼的装药量自上而下逐渐递减。先起爆的渣堆可以为下面几排炮眼起到覆盖作用,防止飞石对拱部临时支护的冲击。

(8)钻孔用凿岩机系国产 YT28 型钻机,钻头直径 38~42 mm,上半断面钻眼在临时平台上进行,下半断面钻眼在台车(自制)平台上进行。

2. 初期支护

(1)对于拱部为稳定性差的薄层砂泥岩互层,施工中有可能发生大面积掉块,在掌子面先对拱部 120°范围内进行 ϕ42 注浆小导管超前支护,长 4.5 m,环向间距 40 cm,外插角 5°~10°,搭接长度 1.0 m;再按开挖轮廓线开挖上部石方。清除洞顶危岩后,初喷 4 cm 厚 C20 混凝土,挂双向 ϕ6.5@20 cm 钢筋网,立格栅钢架(纵向间距 80 cm),格栅钢架由 A、B 两个单元组成。拱架由 ϕ22 主筋、ϕ10 蹬筋及 ϕ6.5 箍筋焊接而成,各单元端部焊接连接,角钢以螺栓连接;纵向钢架间设连接钢筋 ϕ22, 其环向间距 1 m,内外侧交错布置焊接;钢架定位锚杆可利用系统锚杆;栅格钢架与初喷混凝土必须紧密接触,空隙处用 C25 混凝土 300 mm×200 mm 垫块楔紧。对围岩布设 ϕ25 中空注浆锚杆,锚杆按梅花形布设,纵向间距 80 cm,横向间距 90 cm;复喷 C20 混凝土,平均厚度 20 cm,格栅钢架保护层厚度不小于 4 cm。

(2)洞身深埋的Ⅲ类围岩地段,即弱风化粉砂质泥岩,岩体较完整,属软质岩,地下水活动微弱。先按开挖轮廓线对上部断面钻爆开挖,排危出渣修正轮廓后,初喷 3~5 cm 厚 C20 混凝土,对围岩布设长 3.0 m 的 ϕ25 中空注浆锚杆,按梅花形布设,横向间距 120 cm,纵向间距 100 cm;挂钢筋网片双向 ϕ6.5@25 cm,复喷 C20 混凝土,平均厚 15 cm,喷射混凝土时在隧道纵向上呈波浪形喷射。

(3)开挖下部拱墙石方。根据工程地质条件,当顶部围岩较好和拱圈混凝土的强度达到设计值的 70%时,按台阶法(上、下台阶间隔 10~30 m)对下部断面进行开挖,并及时量测拱顶、拱脚和边墙中部的位移。当变形速率有增大趋势时,应立即采取仰拱封闭或其他有效措施,保证围岩和衬砌尽快处于稳定状态。开挖作业中,不得损坏支护、衬砌和设备,并应保护好测量用的测点。仰拱开挖采取半幅开挖,保证洞内临时交通畅通,并排尽积水,做好排水设施,挖至设计要求深度,底面平顺,清除杂物。侧墙与隧道底面均应平顺开挖,避免引起应力集中。拱墙初期支护为:ϕ25 中空注浆锚杆梅花形布设,横向间距 120 cm,纵向间距 100 cm;挂网(双向 ϕ6.5@25 cm)喷射 C20 混凝土厚 15 cm。

(二)风险控制策略

本工序的安全风险级别较高,其风险控制策略为:

(1)严防台阶过长的不安全开挖行为,以免造成隧道坍塌。

(2)开挖下台阶时,严防不注意上部台阶失稳征兆的不安全行为,以免上台阶坍塌造成人员被埋压事故。

(3)严防装药超量、不采用光面爆破的不安全行为,以免围岩受到严重扰动而造成隧道坍塌。

(4)严防违章爆破作业的不安全行为,以免引发爆炸伤害。

(5)初期支护前,严防事先不排除危石的不安全行为,以免造成物体打击伤害。

(6)初期支护时,严防施工程序错误、技术措施不当等不安全行为,以免造成隧道坍塌事故。

七、Ⅳ类围岩开挖与初期支护

(一)工作内容

对于拱部岩体完整(主要呈大块状砌体结构)的砂岩,采取全断面法开挖。

1. 钻爆设计

(1)测量人员利用全站仪直接在掌子面上布点,用红油漆绘出开挖面的中线和轮廓线,标出炮眼位置。

(2)开挖轮廓线应在设计值的基础上适当加大5~7 cm,以抵消由于围岩开挖后失去部分约束而产生向隧道方向的收缩变形。

(3)爆破采用掏槽爆破,将开挖断面上的炮眼分区布置和分区顺序起爆,逐步扩大完成一次爆破开挖。分区的情况是掏槽眼、辅助眼、周边眼。通过调整周边眼的各爆破参数,使爆炸优先沿各孔的中心连线形成"贯通的破裂缝",然后内圈岩体裂解并向临空面抛掷,使得在围岩中产生的裂缝较少。

(4)根据每次掘进进尺长度,采用直眼掏槽比设计掘进进尺加深10~20 cm,并采用孔底反向连续装药和双雷管起爆方式,槽口尺寸如图13-2所示。

(5)辅助眼由内向外逐层布置、逐层起爆,逐步接近开挖断面轮廓形状。周边眼的眼口位置沿设计轮廓线间隔45~60 cm均匀布置,炮眼方向按3%~5%的斜率外插,使眼底落在设计开挖轮廓线之外10 cm左右,其一方面是控制超、欠挖;另一方面是便于下次钻眼时好落钻开眼。为了保证开挖面平整,辅助眼及周边眼的深度应使其眼底落在同一垂直面上,必要时应根据实际情况调整炮眼的深度。

(6)装药结构是:将起爆药卷放在眼底第二个药卷位置上,雷管聚能穴朝向眼口,分层跳段选用毫秒雷管控制起爆时差,内圈炮眼先起爆,外圈炮眼后起爆,这个顺序不能颠倒,否则爆破效果大受影响。同圈眼必须同时起爆,尤其是掏槽眼和周边眼,以保证同圈眼的共同作用效果。

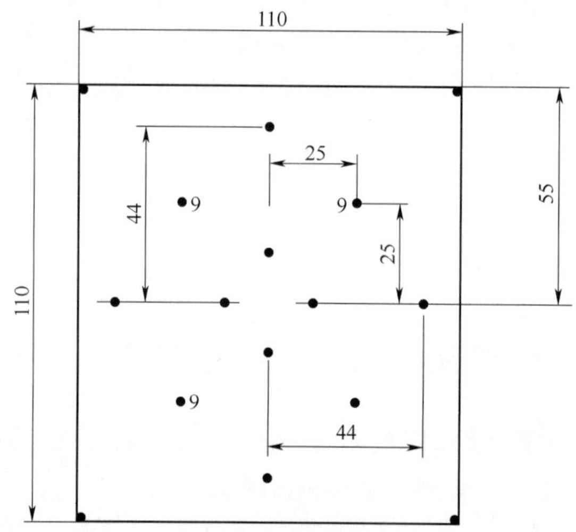

图13-2 直眼掏槽(单临空孔型)(单位:cm)

注:炮眼旁数字为毫秒雷管段别

2. 初期支护

清除开挖面凸出轮廓线的岩体,初喷C20混凝土厚3~5 mm。拱墙拱顶均按梅花形布设ϕ25中空注浆锚杆,横向间距130 cm,纵向间距110 cm;挂ϕ6.5@25 cm双向钢筋网片,复喷C20混凝土使其平均厚度达到10 cm。

(二)风险控制策略

本工序的安全风险级别较高,其风险控制策略为:

(1)严防装药超量、不采用光面爆破的不安全行为,以免围岩受到严重扰动而造成隧道坍塌。

(2)严防违章爆破作业的不安全行为,以免引发爆炸伤害。

(3)初期支护前,严防事先不排除危石的不安全行为,以免造成物体打击伤害。

八、隧道内三管两线布置

(一)工作内容

隧道内三管两线布置如图13-3所示。隧道通风采用轴流式55 kW鼓风机2台进行送风,采用软质风管悬挂于边墙一侧2.0 m处,进行压入式通风。隧道动力线、照明线分开安装在另一侧的边墙顶部边缘上2.0~2.5 m处。高压水管和高压风管安装在通风管同侧临时水沟上方。隧道底部设置施工道路,顺纵坡段两侧分别设置排水沟自流排水于洞外水沟。隧道施工通讯采用100孔程控交换机电话。

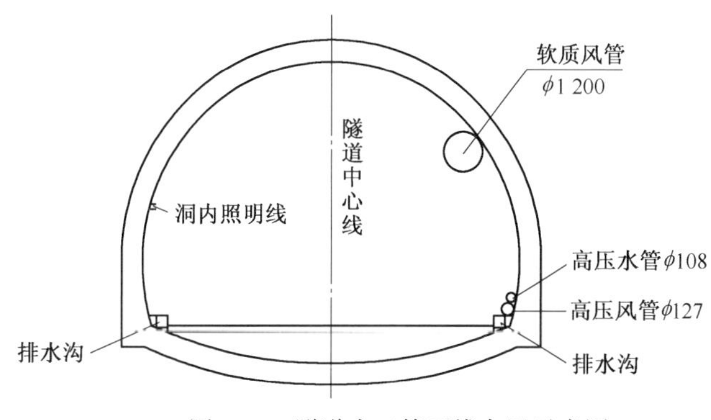

图13-3　隧道内三管两线布置示意图

(二)风险控制策略

本工序的安全风险级别较高,其风险控制策略为:

(1)严防风管破损后未及时修补的不安全行为,以免隧道内缺氧而造成窒息伤害。

(2)严防排水沟侵入边墙基础的不安全状态,以免边墙基础被浸泡造成质量缺陷甚至导致隧道坍塌。

(3)严防高压水管、高压风管质量缺陷、损坏后未及时维修等不安全状态,以免造成各类人身伤害事故。

九、出渣作业

(一)工作内容

(1)当钻爆作业完成后,立即对隧道内每个洞口挂设轴流风机(55 kW×2),风筒ϕ1 200 mm进行送风。

(2)尽量使隧道仰拱施作先完成,以方便运渣车辆通行装渣。

(3)采用“柳工50”正铲装载机,卸渣车辆为车况良好的东风5 t自卸汽车,车辆的驾驶通行遵照专门的管理规定,诸如车辆运行时鸣笛或按喇叭,注意瞭望,非专职人员严禁开车、调车或搭车,车辆严禁超载、超宽运输。

(4)无仰拱段道床可利用洞内不易风化的石渣作为道砟,厚度不小于 15 cm。

(5)道路设专人按标准要求进行维修和养护,使其经常保持平整、排水通畅,净宽不小于 4 m,并间隔适当距离设置错车道。

(6)弃渣场线路事先做好规划并分步实施。

(7)车辆必须在卸渣线上依次进行卸渣。

(二)风险控制策略

本工序的安全风险级别较高,其风险控制策略为:

(1)爆破后,严防通风不足就进洞进行出渣作业,以免危害施工人员身体健康。

(2)严防施工车辆带病作业的不安全状态,以免造成车辆伤害。

(3)杜绝非专职人员开车、调车或搭车的不安全行为,杜绝车辆超载、超宽的不安全状态,以免造成交通事故或车辆伤害。

(4)弃渣场作业时,严防自卸车、推土机同时作业的不安全行为,以免造成机械伤害或交通事故。

十、喷射混凝土施工

(一)工作内容

1. 材料要求

(1)水泥采用 32.5 级普通硅酸盐水泥,使用前做强度复检试验。

(2)速凝剂要求初凝不超过 5 min,终凝不超过 10 min,应根据水泥品种、水灰比等通过试验确定最佳掺量并在使用时准确计量。

(3)砂采用硬质洁净的机制中粗砂,细度模数大于 2.5,含水率一般为 5%~7%。

(4)石料选用 0.5~1.5 cm 机制瓜米石,硬度合格未含有有害杂质。

(5)水中不得含有影响水泥正常凝结硬化的有害杂质,符合工程用水的有关标准。

(6)喷射混凝土水灰比一般以 0.4~0.45 为宜,含砂率一般为 45%~55%,低于 45%或高于 55%均容易造成堵管、回弹量大、强度低且收缩增大。

2. 喷射混凝土作业过程

(1)将混凝土拌和均匀后,用湿式喷射机压送到喷头处,再在喷头上添加速凝剂后喷出。

(2)初喷 3~5 cm 厚后,按设计值要求挂钢筋网片,长宽尺寸为 100~200 cm,与锚杆多点连接;分层喷射厚度:拱部 5~6 cm,边墙 7~10 cm,间隔时间 5~10 min;喷射时分段长度不超过 6 m,分部为先下后上,分块大小为 2 m×2 m,并严格按先墙后拱、先下后上的顺序进行喷射,以减少混凝土因重力而引起的滑动或脱落现象。

(3)喷射时对受喷岩面做均匀的顺时针方向的螺旋转动,一圈压半圈的横向移动,螺旋直径均为 20~30 m,以使混凝土喷射密实。

(4)为保证高压水能从喷头处的内壁小孔高速喷出,水压比塑料管的压力至少高 10~15 N/cm^2,同时供水系统的水压不应大于 40 N/cm^2,以保证喷射混凝土的施工质量。

(5)排水前检查喷射机、混凝土搅拌机是否工作正常(试运转);管路交接处是否良好;检查开挖断面、敲帮找顶、清除浮石,用高压水冲洗岩面;对裂隙水进行处理;埋设混凝土厚度标志;有充足的照明,并在灯上罩上铁丝网,以免回弹物打坏照明灯。

3. 喷射混凝土的养护

应在混凝土终凝 1~2 h 后进行洒水养护，时间不少于 7 d。钻爆作业实施爆破时，养护必须与喷射混凝土间隔 4 h 以上，以免影响混凝土质量。

（二）风险控制策略

本工序的安全风险级别较高，其风险控制策略为：

（1）喷射混凝土过程中，杜绝碾压或踩踏管路的不安全行为，以免管路爆裂使混凝土喷出伤人。

（2）喷射混凝土过程中，维修管路时，杜绝喷嘴面对有人方向的不安全行为，以免混凝土喷出伤人。

（3）转移作业面时，杜绝弯折输料软管的不安全行为，以免造成爆管事故。

（4）高压水冲洗岩面时，严防喷洒到用电设备上的不安全行为，以免造成触电伤害。

十一、钢拱架施工

（一）工作内容

1. 钢拱架制作

无论 18#工字钢拱架或主筋为 $\phi22$ 的格栅钢拱架，均在现场制作。18#工字钢拱架采用自行组装加工的冷弯设备加工：在定型的工作平台上，用 2. 2 kW 慢速电机及与之匹配的传动齿轮箱，与 100 t 液压千斤顶共同工作顶升工字钢，考虑一定的回弹变形，使之与设计轮廓线相符。格栅钢拱架采用现场加工制作，技术难度不高，对隧道断面变化的适应性好，按设计图放样，放样时根据工艺要求预留焊接余量及切割加工余量，将主筋弯成形，要求尺寸准确、弧形圆顺，焊接材料应附有质保书，钢筋按质保书进行现场复检。

2. 钢拱架架设

（1）钢拱架应架设在隧道横向竖直平面内，其垂直度允许误差为±2°。

（2）钢拱架拱脚要有一定的埋置深度，以保证拱架的稳定，采用打锁脚锚杆的方法，拱架尽可能多地与锚杆连接以增强联合支护效应。

（3）喷射混凝土分次进行，注意将钢拱架与岩面之间的间隙喷射密实，复喷混凝土要在量测指导下进行，以保证其适时、有效。

（二）风险控制策略

本工序的安全风险级别较高，其风险控制策略为：

（1）钢拱架焊接制作时，严防违章用电、违章焊接的不安全行为，以免造成触电伤害。

（2）起吊钢拱架时，严防违章起重作业的不安全行为，以免造成起重伤害。

（3）严防钢拱架与岩面间隙喷射混凝土不密实的不安全行为，以免造成隧道坍塌事故。

十二、$\phi25$ 中空注浆锚杆施工

（一）工作内容

中空注浆锚杆是将注浆和锚固功能合二为一的新型支护技术产品。锚杆体采用中空设计，锚杆注浆通过锚头底部向孔口注浆，能够实现压力注浆，使注浆更饱满，更好地充填裂隙，固结岩体和土层，改良围岩，充分发挥围岩的自支作用，从而达到良好的支护目的。中空锚杆的施工内容如下：

（1）锚杆安装：检查钻头水孔、锚杆中有无异物堵塞。如有则清理干净，然后将钻头安装

在锚杆的一端,再将凿岩机用纤尾套连接在另一端。

(2)锚杆钻进:将锚杆的钻头对准岩面标出的钻位,对凿岩机供水,垂直岩面钻进。开始时应以多回转、少冲击的原则进行,以免钻渣堵塞水孔,若发现水孔有堵塞现象,应后撤锚杆约50 cm并反复扫孔,使水孔畅通;然后缓慢进尺直到设计深度。若锚杆需加长,则用锚杆连接套将钻入的锚杆连在一起后继续钻进,直至设计深度。

(3)安装止浆塞:钻至设计深度后,用水或高压风清孔,确认畅通后卸下纤尾套,保持锚杆外露长度10~15 cm,用钢管将止浆塞通过锚杆外露端打入孔口30 cm左右。

(4)注浆:迅速用注浆接头将锚杆与注浆泵连接好,开动注浆泵,直至浆液从孔口周边溢出或压力表达到设计压力值为止。

(5)根据设计要求安装好垫板和螺母。

(二)风险控制策略

本工序的安全风险级别一般,其风险控制策略为:

(1)锚杆钻进作业时,严防工作平台不牢靠的不安全状态,以免在钻进时受到锚杆反向推力作用导致平台倒塌事故。

(2)杜绝作业人员不佩戴安全帽、安全带、防护眼镜等不安全行为,以免造成眼睛伤害、物体打击伤害或高处坠落伤害。

(3)锚杆安设后不得随意敲击,以免因为敲击使锚杆发生位移,与围岩分离导致围岩掉落。

十三、自进式锚杆施工

(一)工作内容

自进式锚杆采用特殊合金材料,表面连续全波螺纹,浆液通过中空杆体从钻头的注浆孔喷出。不仅锚孔注浆饱满,而且浆液能渗入到锚孔周围岩石的空隙中,固定破碎岩石,使围岩变形得到控制,围岩自支撑作用加强。

(二)风险控制策略

本工序的安全风险级别一般,其风险控制策略与$\phi25$中空注浆锚杆施工风险控制策略基本相同。

十四、二次模筑混凝土衬砌施工

(一)工作内容

(1)本隧道二次衬砌为模筑C20防水混凝土,防水等级为S8,防水混凝土中掺入HEA微膨胀剂,在仰拱施作完后按先墙后拱法浇筑衬砌混凝土。

(2)施作前应对隧道内地下水进行取样分析,确认地下水对混凝土是否有腐蚀性。

(3)监控量测结果表明,只有在围岩基本稳定的情况下,才可施作模筑衬砌(洞身变形明显下降,拱脚水平收敛速度小于0.2 mm/d,拱顶下沉速度小于0.5 mm/d)。

(4)模筑衬砌采用全液压混凝土衬砌台车,台车长度12 m,混凝土在拌和站集中拌和,混凝土输送车运输,泵送灌注,人工操作插入式捣固棒配合液压衬砌台车上附着式振捣器捣固,拆模后洒水养护。

(5)从搅拌站运输到工作面的混凝土运输应车况良好、连续运转;混凝土输送泵管道应直,转弯宜缓,接头应严密。

(6)泵送前应润滑管道,润滑时按设计配合比拌制的水泥浆或按骨料减半配制的混凝土进行。

(二)风险控制策略

本工序的安全风险级别一般,其风险控制策略为:

(1)钢模台车焊接时,严防违章用电和违章焊接的不安全行为,以免造成触电伤害或火灾。

(2)严防振捣器绝缘不良或违章用电的不安全状态或不安全行为,以免造成触电伤害。

(3)混凝土振捣时,严防顺序错误造成质量缺陷甚至危及隧道结构安全。

(4)混凝土脱模时,严防混凝土强度不足设计强度的70%就进行脱模作业,以免造成衬砌损坏或隧道坍塌事故。

十五、防、排水工程施工

(一)工作内容

1. 无纺布及防水卷材施工

(1)全隧道满铺1.2 mm厚LDPE防水卷材及3.0 mm厚300 g/m^{2}无纺布(靠围岩一侧)(无纺布拉断力大于450 N,伸长率大于80%;防水卷材断裂拉伸强度不小于16 MPa,伸长率不小于550%,断裂强度不小于60 N/m),防水卷材及无纺布在初期支护验收合格后方可施工,同时要特别检查喷混凝土支护表面,除去露出的尖锐物,其平整度应符合$D/L=1/6$的要求(L为相邻凸出距离,D为凹进深度)。

(2)铺设衬砌背后的塑料防水板前,应在防水板内侧(靠近围岩侧)先铺设300 g/m^{2}无纺布,无纺布用暗钉圈固定在喷层上。

(3)防水卷材的铺挂采用热风双焊缝无钉铺挂工艺。防水卷材搭接长度不小于10 cm并保证接缝质量。

(4)防水板的搭接质量采用气压测试进行抽检:两条焊缝间生成2.5 bar的气压,在15 min内气压下降值应小于0.25 bar。

(5)隧道内边墙下部的HDPE纵向排水暗管要外包一层无纺布,以避免土砂颗粒进入管内,造成管道淤塞,所有排水管路交叉部分原则上都采用市售三通管成品。

(6)隧道内的路面水通过路面横坡及纵坡排至路侧排水沟。

2. 止水带安装施工

沿设计衬砌轴线每隔0.5 m钻一$\phi12$的钢筋孔,将制成的钢筋卡由待灌混凝土的一侧穿入另一侧,内侧钢筋卡卡紧止水带一半,另一半止水带紧贴在挡头板上。待混凝土凝固后拆除挡头板,将原贴在挡头板上的止水带拉直后弯曲钢筋卡套卡紧另一半止水带即可。

3. 排水工程施工

(1)渗水流水处设置橡胶板盲沟,按10 m一道。渗水面积较大地段,橡胶板盲沟可并排设置。

(2)集中股水流处设置$\phi50$ HPDE管盲沟,按20 m一道。盲沟管端部应穿越初期支护,直接与股水流处对接以达到更好的排水效果。

(3)隧道两侧边墙墙背底部分别设置$\phi100$ HPDE单壁打孔波纹纵向排水管以引排衬砌

背后地下水，其纵坡与路面纵坡一致。

(4)隧道底面中部基线以下 0.9 m 设置 ϕ300 钢筋混凝土中央排水管，以排泄墙背后地下水，并每隔 10 m 设 ϕ50 HPDE 单壁无孔波纹边墙泄水管一道(横向)，将墙背纵向排水管的水引入中央排水管内。

(5)隧道内行车道低侧路缘带下设开口水沟以排泄路面水，每隔 30 m 间距设置沉砂池一处。

(二)风险控制策略

本工序的安全风险级别较高，其风险控制策略为：

(1)防水卷材施工时，严防违章动火作业的不安全行为，以免造成火灾事故。

(2)高处作业时，严防安全措施不到位而发生高处坠落伤害。

(3)严防排水措施不到位使洞内水浸泡边墙基础的不安全状态，以免引发隧道坍塌事故。

参考文献

[1]中华人民共和国交通运输部. JTG F90—2015 公路工程施工安全技术规范[S]. 北京:人民交通出版社,2015.
[2]张敏. 滨海新区海河沉管隧道工程施工安全研究[D]. 大连:大连海事大学,2013.
[3]张华君. 山丘区高速公路弃渣场选址原则及复垦方式探讨[J]. 公路交通技术,2011(4):146-150.
[4]吴波. 隧道施工安全风险管理研究与实务[M]. 北京:中国铁道出版社,2010.
[5]姚书贵,徐迪. 浅谈瓦斯隧道安全管理[J]. 西南公路,2010(4):162-165.
[6]中铁一局集团有限公司. TB 10304—2009 铁路隧道工程施工安全技术规程[S]. 北京:中国铁道出版社,2009.
[7] 刘挺. 公路隧道施工安全风险管理研究[D]. 杭州:浙江大学,2013.
[8] 陶坤,何小平,李泉. 基于危险源动态辨识的公路隧道施工安全动态管理[J]. 施工技术,2010(10):86-88,96.
[9] 欧志坚. 公路山岭隧道施工安全风险辨识研究[D]. 重庆:重庆交通大学,2008.
[10] 张永军. 高速公路隧道施工安全管理[J]. 中华建设,2014(11):108-109.
[11] 曹优兰. 高速公路瓦斯隧道施工安全控制[J]. 四川水利,2014(6):61-63.
[12] 杨永占. 承秦高速公路隧道施工安全风险辨识分析[J]. 交通建设与管理,2014(11):227-228.
[13] 黄松,蔡立勇,尹智雄. 公路隧道施工阶段防止瓦斯事故的安全措施[J]. 山东交通科技,2015(2):89-90.
[14] 牛柏川. 公路长大山岭隧道施工安全风险评估与管理研究[D]. 成都:西南交通大学,2011.
[15] 赵志飞. 公路隧道施工过程瓦斯安全控制技术研究[D]. 长沙:中南大学,2012.
[16] 刘辉,孙世梅. 公路隧道施工安全综合评价研究[C]//国际安全科学与技术学术研讨会论文集. 沈阳:东北大学,2006.
[17] 李兆. 公路隧道施工安全生产管理及重点措施[J]. 交通世界(建养·机械),2012(4):210-211.
[18] 范斌,张利君. 浅析公路隧道施工安全控制[J]. 施工技术,2012(S1):278-280.
[19] 郝辉. 公路隧道施工安全管理技术应用探讨[J]. 山东工业技术,2016(5):77-78.
[20] 黄式浩,岑业波,孙义斐. 公路隧道施工安全综合评价指标体系的探讨[J]. 基建管理优化,2016(1):7-11.
[21] 杨长兴. 谈高速公路钻爆法隧道施工安全管理[J]. 山西建筑,2014(1):261-262.
[22] 方碧滨. 公路隧道施工中的安全风险评估及防范对策[J]. 公路交通技术,2014(5):123-128.

[23] 王峥. 公路隧道施工安全作业要点[J]. 交通世界(建养·机械),2014(7):106-107.
[24] 叶华. 论江西高速公路隧道施工安全控制管理[J]. 江西建材,2014(15):149-149.
[25] 崔韫鑫. 高速公路隧道安全施工关键技术研究[D]. 天津:河北工业大学,2014.
[26] 曾宏飞. 软弱围岩浅埋偏压四车道公路隧道安全施工技术研究[D]. 成都:西南交通大学,2015.
[27] 杜剑峰. 现代公路隧道施工安全管理初探[J]. 才智,2008(2):29-29.
[28] 呼岱炯. 公路隧道施工的安全对策[J]. 青海交通科技,2008(2):50,56.
[29] 赵红星,陈雄兵. 浅埋软岩公路隧道穿越铁路施工安全技术[J]. 工程建设与设计,2007(9):102-105.
[30] 朱汝友,刘黎明. 变形监测在大跨浅埋公路隧道安全施工中的应用研究——以茅山隧道为例[J]. 安全与环境工程,2007(4):93-97.
[31] 李腾云. 砂质黄土超大断面隧道下穿高速公路安全施工[J]. 山西建筑,2011(10):153-154.
[32] 宋玺. 谈高速公路隧道消防工程的施工安全[J]. 安防科技,2011(10):45-47.
[33] 邵俊江,王国欣. 公路隧道施工中有害气体的治理与安全措施[J]. 西部探矿工程,2006(3):306-307.
[34] 唐仕政. 公路隧道沥青混凝土铺筑施工的安全预防措施[J]. 劳动保护,2006(7):84-85.
[35] 刘东. 公路隧道施工过程安全管理与管理实践探讨[J]. 四川建材,2016(2):274,276.
[36] 陈善亮. 谈高速公路钻爆法隧道施工安全管理[J]. 山西建筑,2013(11):255-256.
[37] 李世贵,朱云,任仁,等. 高速公路隧道施工质量控制与安全管理[J]. 交通标准化,2013(13):47-50.
[38] 刘琳琳. 公路隧道工程施工阶段安全风险评估研究[J]. 北方交通,2013(5):100-103.
[39] 杨俊,王晓安,高秀卿,等. 公路隧道施工应急救援系统安全管理探讨[J]. 黑龙江交通科技,2013(8):107-108.
[40] 张坤,张学民,李斌. 高速公路隧道穿越小型采空区安全施工技术[J]. 公路交通科技:应用技术版,2013(8):195-198.
[41] 宋建光. 公路工程隧道开挖安全施工技术[J]. 黑龙江交通科技,2013(12):98,100.
[42] 王小军,李建斌. 翔安海底公路隧道陆域段安全快速施工技术[C]//中国中铁隧道集团2007年水底隧道专题技术交流大会论文集. 洛阳:中国中铁隧道集团有限公司,2007(27):57-59.